Jósef Krösi, Gusztáv Adolf Thirring

Die Natalitäts- und Mortalitäts-Verhältnisse ungarischer Städte

in den Jahren 1878-1895

Jósef Krösi, Gusztáv Adolf Thirring

Die Natalitäts- und Mortalitäts-Verhältnisse ungarischer Städte
in den Jahren 1878-1895

ISBN/EAN: 9783743492547

Hergestellt in Europa, USA, Kanada, Australien, Japan

Cover: Foto ©ninafisch / pixelio.de

Weitere Bücher finden Sie auf **www.hansebooks.com**

DIE NATALITÄTS-
UND
MORTALITÄTS-VERHÄLTNISSE
UNGARISCHER STÄDTE
IN DEN JAHREN 1878—1895.

ANLÄSSLICH DES
BUDAPESTER INTERNATIONALEN CONGRESSES FÜR HYGIENE UND DEMOGRAPHIE

AUF GRUND DER IM BUDAPESTER COMMUNALSTATISTISCHEN BUREAU
GESAMMELTEN ORIGINALBEOBACHTUNGEN

BEARBEITET
VON
DR. JOSEF v. KÖRÖSY
DIRECTOR DES BUREAUS

UND
DR. GUSTAV THIRRING
VICEDIRECTOR.

BUDAPEST und BERLIN 1897.

C. GRILL'S HOFBUCHHANDLUNG · PUTTKAMMER UND MÜHLBRECHT

INHALT.

	Seite
Vorbemerkungen	3
I. Geburten.	
Die Geburten im Allgemeinen	8
Legitimität der Geborenen	15
Todtgeburten	19
II. Sterblichkeit.	
Die Sterblichkeit im Allgemeinen	21
Altersverhältnisse der Verstorbenen	25
Todesursachen	30
III. Wachsthum der Bevölkerung	37

Percentual-Tabellen.

Tab. Nr. 1. Natalitäts-Verhältnisse 35 ungariseher Städte von 1878 bis 1893 (auf 1000 Bewohner berechnet) ... 40

» » 2. Die illegitimen Geburten in 35 ungarischen Städten (auf 100 Geburten berechnet) ... 43

» » 3. Illegitime Geburten. Sexualproportion der Lebendgeborenen und Todtgeburten in 35 ungarischen Städten ... 46

» » 4. Fruchtbarkeit der Bevölkerung von 25 ungarischen Städten (auf 1000 Frauen im Alter von 15—50 Jahren und auf 1000 Einwohner im Allgemeinen berechnet) ... 49

» » 5. Mortalitäts-Verhältnisse 35 ungarischer Städte von 1878 bis 1893 (auf 1000 Einwohner berechnet) ... 50

» » 6. Alter der Verstorbenen in 29 ungarischen Städten (Percentualtabelle) 53

» » 7. Kindersterblichkeit innerhalb des ersten Jahres in 29 ungarischen Städten ... 59

» » 8. Todesfälle an infectiösen Krankheiten in 29 ungarischen Städten (auf 10.000 Bewohner berechnet) ... 61

» » 9. Todesfälle an infectiösen Krankheiten in 29 ungarischen Städten, nach vier Zeitperioden (auf 10.000 Bewohner und 1000 Todesfälle berechnet) ... 64

» » 10. Todesfälle an infectiösen Krankheiten und einigen anderen Todesursachen in 29 ungarischen Städten (auf 10.000 Bewohner berechnet) ... 67

» » 11. Sterblichkeit an infectiösen Krankheiten und einigen anderen Todesursachen in Budapest (auf 10.000 Bewohner berechnet) . 70

Tab. Nr. 12. Natürliche Volksvermehrung 35 ungarischer Städte von 1878 bis
bis 1893 (auf 1000 Bewohner berechnet) 71
» » 13. Bewegung der Bevölkerung in 35 ungarischen Städten (auf
1000 Bewohner berechnet) 74

Berechnung der Mortalitäts-Indexe auf Grund der Standard-Bevölkerung.

» » 14. Berechnung der Mortalitäts-Coëfficienten für 5 Altersgruppen . . 78
» » 15. Umwandlung der Mortalitäts-Coëfficienten in Mortalitäts-Indexe . 80

Material-Tabellen.

Tab. Nr. I. Bevölkerungsziffern für die einzelnen Jahre (auf die Mitte des
Jahres berechnet) 82
» » II. Absolute Jahresziffern, sowie Coëfficienten der Geburten und
Sterbefälle 84
» » III. Absolute Jahresziffern über das Alter der Verstorbenen . . . 96
Nachtrag für sechs Städte, wo das Alter der verstorbenen
(0—5 jährigen) Kinder bloss in einer Ziffer bekannt ist . 105
Anzahl der Verstorbenen unbekannten Alters 106
» » IV. Jahresziffern für die Todesursachen 107
Nachtrag für die Cholerafälle 116

Vorbemerkungen.

Der IX. internationale statistische Congress, welcher im Jahre 1876 in Budapest tagte, fasste den Beschluss, dass in allen Staaten die auf die Natalitäts- und Mortalitätsverhältnisse der grösseren Städte bezüglichen Angaben in Wochen- oder Monatbulletins gesammelt und durch ein Central-Bureau vereinigt publicirt werden. Im Hinblick hierauf richtete Director Körösi im Jahre 1877 einen Aufruf an die grösseren ungarischen und einige andere osteuropäische Städte, was zuerst den bescheidenen Erfolg hatte, dass sechs ungarische Städte, u. zw.: P o z s o n y (Pressburg), K e c s k e m é t, D e b r e c z e n, N a g y v á r a d (Grosswardein), A r a d und K o l o z s v á r (Klausenburg), ferner Wien, Prag, Triest, Lemberg, Krakau und Bukarest sich bereit erklärten, die gewünschten Daten zu sammeln und wöchentlich an das Budapester Communalstatistische Bureau einzusenden, welches die Publicirung derselben übernahm. Der Magistrat der Hauptstadt übernahm bereitwilligst die Bestreitung der durch Drucklegung des Bulletins erwachsenden Kosten und so konnte das B u l l e t i n h e b d o m a d a i r e d e s t a t i s t i q u e i n t e r n a t i o n a l e Anfangs 1878 mit den genannten 12 Städten, zu welchen sich noch Budapest gesellte, seine Laufbahn beginnen.

1880 erneuerte Körösi die Aufforderung zur Theilnahme an der Populationsstatistik und demzufolge schlossen sich den sieben Städten mit Beginn des Jahres 1881 noch weitere acht an, u. zw.: S z é k e s - F e j é r v á r (Stuhlweissenburg), P é c s (Fünfkirchen), M i s k o l c z. K a s s a (Kaschau), V e r s e c z, S z a b a d k a, S z e g e d und B é k é s - C s a b a, im nachfolgenden Jahre Z o m b o r und T e m e s v á r. Einem erneuerten Aufrufe folgend traten 1883 wieder acht Städte hinzu, nämlich S o p r o n (Oedenburg), J á s z b e r é n y, C z e g l é d, N a g y - K ö r ö s, B a j a, M a k ó, N y i r e g y h á z a und B r a s s ó (Kronstadt), dann folgten 1884 B é k é s, 1885 G y ő r (Raab) und F é l e g y h á z a und endlich 1886 S z a t m á r - N é m e t i. Solcherart stieg die Zahl der Städte, deren Populationsstatistik durch das Budapester communalstatistische Bureau theils wöchentlich, theils monatlich gesammelt und publicirt wird, auf 29 und umfasst nahezu alle bedeutenderen Städte Ungarns.

Der solcherart geschaffene statistische Dienst erstreckt sich auf die folgenden Details der Volksbewegung:

1. Statistik der Lebendgeburten nach Geschlecht und Legitimität; Todtgeburten nach Geschlecht; Sterbefälle nach Geschlecht.

2. Mortalität nach Altersclassen, mit Unterscheidung folgender Altersclassen: 0—1, 1—5, 5—20, 20—30, 30—40, 40—60, 60—80, über 80, unbekannt; ferner Unterscheidung der illegitimen Kinder in den beiden ersten Altersclassen.

3. Todesursachen, u. z. Specificirung von Variola, Morbilli, Scarlatina, Croup und Diphtheritis, Pertussis, Typhus, Cholera, Febris puerperalis, sonstige infectiöse Krankheiten; ferner Tuberculose, Diarrhoea und Enteritis, Pleuropneumonia und Bronchitis: endlich gewaltsame Todesarten.

Dem entsprechend enthält auch das Bulletin hebdomadaire drei Tabellen, denen ausserdem periodische Procentberechnungen angereiht werden. Von Anbeginn an wurde am Schlusse des Jahres eine Recapitulation der hauptsächlichsten Daten aller Wochen, resp. Monatsbulletins veröffentlicht, welche später auf alle Tabellen ausgedehnt und durch mehrere Jahre hindurch auch für jedes Trimester publicirt wurde. Die in den bisherigen 16 Jahrgängen gesammelten Daten bilden die Grundlage unseres gegenwärtigen Referates. Da die ungarische Landesstatistik bloss die Bewegung der Bevölkerung der als selbständige Municipien anerkannten Städte veröffentlicht und auch von diesen nur nach den sub 1. erwähnten Gesichtspunkten, bilden die diesbezüglichen Publicationen des communal-statistischen Bureaus ein Quellenmaterial. Um aber unser Referat auf womöglich alle ungarischen Städte und auf eine längere Periode ausdehnen zu können, haben wir für die uns mangelnden städtischen Municipien auch die in den Publicationen der Landesstatistik enthaltenen Ziffern des allgemeinen Natalitäts und Mortalitäts-Coëfficienten übernommen. Es konnten solcherart diese Angaben für Sopron, Győr, Székesfejérvár, Pécs, Kassa, Baja, Szabadka, Zombor, Szeged, Szatmár-Németi, Temesvár und Versecz bis 1878 zurück completirt werden, während für weitere sechs Städte, nämlich K o m á r o m , S e l m e c z b á n y a (Schemnitz), U j v i d é k (Neusatz), H ó d m e z ő - V á s á r h e l y , P a n c s o v a und M a r o s - V á s á r h e l y diese Ziffern für die ganze Beobachtungszeit (1878—93) übernommen wurden. Hiedurch stieg die Zahl der Städte auf 35 und wurde es auch möglich einige Lücken und Mängel des vom Budapester Bureau gesammelten Materials zu ergänzen (So fehlten oder waren mangelhaft die Beobachtungen für Kolozsvár 1880—1884, Pozsony 1880, Kecskemét 1881, Szabadka 1886, Debreczen 1880, Arad 1878). Für die Tabelle 2. (Alter der Verstorbenen) konnte aus den Publicationen der Landesstatistik nur die eine Ziffer der unter 5 Jahren verstorbenen Kinder übernommen werden, weil daselbst das Alter der Verstorbenen nur nach den zwei Kategorien der Unter- und Ueberfünfjährigen specificirt wird, während die Statistik der Todesursachen aus diese Quelle gar nicht ergänzt werden konnte, indem der statistische Landesdienst sich auf die Sammlung diesbezüglicher Daten nicht erstreckt. Solcherart erstreckt sich unser Referat für die allgemeineren Verhältnisse auf 35, für die Detailfragen hingegen nur auf 29 Städte. Es soll noch bemerkt sein, dass der statistische Dienst, namentlich in den ersten Jahren, an Präcision und Verlässlichkeit manches zu wünschen übrig liess, was bei Beurtheilung des Materials und der Resultate nicht aus den Augen verloren werden darf. Das Material selbst lief, wie erwähnt, grösstentheils in Wochenausweisen, zum Theile auch in Monatsbulletins ein. Rauminangels wegen mussten wir uns jedoch auf die Besprechung der Jahresergebnisse beschränken, ohne auf eine Untersuchung der Volksbewegung nach Monaten oder Wochen eingehen zu können. Auch beschränkten wir uns im tabellarischen Theil lediglich auf die Wiedergabe der Percentualtabellen und verweisen bezüglich des Rohmaterials auf die 16 Jahrgänge des Bulletin hebdomadaire, sowie auf das vom statistischen Landesbureau herausgegebene »Ungarische Statistische Jahrbuch«.

Bezüglich der Aufarbeitung wollen wir bemerken, dass alle Percentsätze auf die Bevölkerung des betreffenden Jahres berechnet sind, die Bevölkerung selbst aber mit Berücksichtigung der durch die natürliche Volksbewegung verursachten Veränderungen und der aus den Volkszählungsresultaten ersichtlichen Wanderungsquote auf die Mitte des Jahres berechnet wurde. Wo die Percentsätze auf eine längere Periode berechnet werden mussten, wurde nie das arithmetische Mittel der Jahresprocente genommen, sondern die Summe der Beobachtungen der einzelnen Jahre zur Bevölkerungs-Summe der betreffenden Periode in Verhältniss gesetzt, wodurch die einzelnen Jahre und Städte mit dem vollen Gewicht ihrer Beobachtungsmassen zur Geltung kommen.

Um die weiter unten zu besprechenden Verhältnisse richtig beurtheilen zu können, ist es nothwendig einen Blick auf die Städte zu werfen, deren Populationsverhältnisse den Gegenstand unseres Referates bilden. Die überaus grossen Unterschiede, die wir bezüglich der Natalitäts- und Mortalitätsverhältnisse in einzelnen Städten wahrnehmen werden, sind Resultate ganz verschiedener, zum Theile entgegengesetzter cultureller und materieller Entwickelung und wir würden zu ganz falschen Resultaten gelangen, wollten wir bei Beurtheilung dieser Verhältnisse den Einfluss der verschiedenen Factoren ausser Acht lassen.

Die Städte, die wir hier besprechen, lassen sich im Ganzen und grossen in zwei verschieden geartete Gruppen theilen: einestheils sind es alte Culturstätten, die seit Jahrhunderten auf einer höheren Stufe der geistigen und materiellen Entwickelung stehen, wie Pozsony, Sopron, Györ, Pécs, Kassa, anderntheils ackerbautreibende Orte der ungarischen

Tiefebene, die trotz ihrer bedeutenden Volkszahl im Guten und Schlechten auf der hiedurch bedingten Culturstufe stehen, so Szabadka, Hódmező-Vásárhely. Békés-Csaba, Makó, Békés, Jászbeřény, Czegléd, Félegyháza u. s. w. Einige Städte nehmen eine Uebergangsstelle ein, wie Miskolcz, Szatmár-Németi, Versecz etc., nähern sich daher bald der einen, bald der anderen Gruppe. Eine exceptionelle Stelle nimmt die Hauptstadt Budapest ein, die einzige Grossstadt Ungarns, deren Entwickelung schon infolge ihres rapiden Wachsthums in vielen Stücken von jener der übrigen Städte verschieden ist, was bei Beurtheilung der demographischen Verhältnisse nicht ausser Acht gelassen werden darf.

In unseren Tabellen unterscheiden wir daher die Städte nach drei Gruppen, u. zw. reihen wir in die erste Gruppe die Städte älterer Culturstufe, in die zweite die zumeist ackerbautreibenden Städte des Alföld (denen wir ihrer Lage nach auch die etwas abweichenden Städte Arad, Nagyvárad und Debreczen angereiht haben), während in die dritten Gruppe Budapest allein zu stehen kommt.

Die verschiedene Entwickelung der Städte lässt sich sowohl in ihrem baulichen Charakter, wie in der verschiedenen Gestaltung der Bevölkerungs-, Berufs- und Culturverhältnisse erkennen. Um den Charakter der einzelnen Städte klar erkennen zu lassen, fügen wir hier eine Zusammenstellung bei, die sich auf einige entscheidende Merkmale des städtischen Lebens erstreckt und deren Zuratheziehung bei Beurtheilung der verschiedenen Populationsverhältnisse oft unerlässlich sein wird. Leider stehen die bezüglichen Angaben nur für jene 25 Städte zur Verfügung, die selbständige Municipien bilden, infolge dessen in dieser Tabelle einige Angaben für zehn Städte fehlen.

Stadt	Bevölkerungszahl		Zunahme 1881—91	Wohnungen in Stockwerken	Unter den Be- wohnern sind Ungarn	Geistige Berufe	Urproduction	Handel, Indu- strie, Verkehr	Es können lesen und schreiben von den über 6jährigen	
	1881	1891							Männer	Frauen
				in Percenten						
a) Ältere Städte.										
Sopron	23.222	27.213	17·10	23·7	29·8	7·0	16·7	50·1	87·0	88·4
Győr	20.981	22.795	8·65	15·3	92·5	6·1	4·8	52·7	85·7	72·5
Komárom	13.108	13.076	-0·24	7·6	93·1	6·4	4·9	56·0	84·6	71·4
Székes-Fejérvár	25.612	27.548	7·56	7·6	96·7	5·3	22·1	45·8	86·0	74·5
Pécs	28.702	34.067	9·18	6·9	74·2	5·1	6·3	56·9	82·1	67·0
Pozsony	48.006	52.411	12·61	38·9	19·9	5·5	5·1	59·3	88·1	77·5
Selmeczbánya ..	15.265	15.280	0·10	10·5	16·6	3·0	5·7	63·1[1]	79·5	57·6
Kassa	26.097	28.884	10·68	21·5	49·9	6·2	2·7	66·1	82·0	61·6

[1] Bergbau.

Stadt	Bevölkerungszahl 1881	Bevölkerungszahl 1891	Zunahme 1881—91	Wohnungen in Stockwerken	Unter den Einwohnern sind Ungarn	Geistige Berufe	Urproduction	Handel, Industrie, Verkehr	Es können lesen und schreiben von den über 6jährigen Männern	Es können lesen und schreiben von den über 6jährigen Frauen
				in Percenten						
Kolozsvár	29.923	32,756	9·47	9·4	81·0	7·5	10·8	59·2	76·4	60·6
Maros-Vásárhely	12.883	14.212	10·31	4·7	90·0	8·7	9·3	61·8	75·4	56·7
Brassó	29.584	30.739	3·90	.	34·0	.	.	.	.	.

b) **Städte des Alföld.**

Miskolcz	24.319	30.408	25·04	.	91·1	.	.	.	.	.
Jászberény	21.507	24.331	13·13	.	99·3	.	.	.	.	.
Czegléd	24.872	27.549	10·76	.	98·9	.	.	.	.	.
Nagy-Kőrös	22.769	24.584	7·97	.	99·4	.	.	.	.	.
Kecskemét	44.887	48.493	8·03	0·7	99·2	2·6	59·1	22·5	64·0	53·4
Félegyháza	23.912	30.326	26·82	.	99·4	.	.	.	.	.
Baja	19.241	19.485	1·27	1·4	74·1	4·2	11·0	48·6	72·2	54·7
Szabadka	61.367	72.737	18·53	0·5	52·7	2·5	44·5	21·4	42·6	30·4
Zombor	24.693	26.435	7·05	1·7	28·4	5·1	30·6	25·7	49·3	40·7
Ujvidék	21.325	24.717	15·91	4·0	31·2	4·2	17·6	44·2	75·2	59·0
Szeged	73.675	85.569	16·14	13·2	96·1	3·3	39·2	29·7	69·7	54·1
H.-M.-Vásárhely	50.966	55.475	8·84	0·2	98·9	1·9	58·5	17·6	76·6	66·3
Makó	30.063	32.663	8·65	.	95·7	.	.	.	.	.
Békés	22.938	25.087	9·37	.	97·0	.	.	.	.	.
Békés-Csaba	32.616	34.243	4·99	.	22·6	.	.	.	.	.
Nyiregyháza ..	24.102	27.014	12·08	.	83·0	.	.	.	.	.
Szatmár-Németi	19.708	20.736	5·22	2·6	94·5	7·0	20·4	49·6	78·4	65·2
Debreczen .	51.122	56.940	11·38	1·7	98·0	4·2	29·0	46·2	78·9	72·8
Nagyvárad	31.324	38.557	23·09	4·7	88·8	6·7	5·1	60·9	78·4	64·9
Arad	35.556	42.052	18·27	10·9	61·6	5·3	9·1	55·1	71·1	55·5
Temesvár	33.694	39.884	18·37	15·5	26·7	5·7	2·4	56·6	79·3	65·1
Versecz	22.329	21.859	-2·10	1·4	5·7	3·5	34·2	86·7	72·2	59·2
Pancsova	17.127	17.948	4·79	1·7	11·4	4·2	16·1	48·0	72·9	59·1

c) **Budapest** .. | 360.551 | 491.938 | 36·44 | 35·1 | 66·3 | 5·1 | 1·6 | 65·6 | 83·6 | 75·2 |

I. Geburten.

Die Geburten im Allgemeinen.

Die Zahl der Lebendgeborenen betrug von 1878 bis 1893:

	in den Städten	in der Provinz	in ganz Ungarn [1])	auf 1000 Bewohner		
				Städte	Provinz	Ganz Ungarn
1878	41.386	543.040	584.426	33·6	—	43·3
1879	42.093	583.942	626.035	38·5	—	46·0
1880	42.846	545.578	588.424	33·4	—	43·0
1881	44.426	549.988	594.414	37·4	43·7	43·2
1882	45.480	566.582	612.062	37·3	44·8	44·1
1883	53.182	575.937	629.119	38·3	45·7	46·0
1884	54.650	593.948	648.598	38·9	46·6	45·8
1885	57.758	585.476	643.234	38·9	45·6	44·9
1886	58.434	602.815	661.249	38·6	46·5	45·6
1887	58.982	589.165	648.147	38·3	45·0	44·3
1888	58.605	590.619	649.224	37·4	44·7	43·1
1889	59.895	594.990	654.885	37·6	44·5	43·8
1890	58.290	555.623	613.913	36·0	41·3	40·7
1891	61.578	584.834	646.412	37·4	43·2	42·5
1892	59.574	[2])	—	36·0	—	—
1893	64.025	[2])	—	37·8	—	—

Wie aus dieser Tabelle ersichtlich, ist die Geburtenfrequenz in den Städten eine bedeutend geringere, als am flachen Lande. Indem wir diese Erscheinung im Späteren näher erörtern werden, wollen wir hier nur einen Blick auf die Veränderungen werfen, welche der Geburtencoëfficient im Laufe der Zeit erfahren hat. Von einzelnen temporären Schwankungen abgesehen, ist es eine entschieden sinkende Tendenz, die in der Geburtenfrequenz zum Ausdruck kommt. Diese Erscheinung, die im Coëfficienten der Städte ebenso unverkennbar ist, wie in dem des ganzen Landes, kann als ein Symptom jener Annäherung betrachtet werden, welche sich in der bekanntlich äusserst hohen Natalität Ungarns an die Verhältnisse der westlichen Culturstaaten vollzieht.. Wir wollen es hier unerörtert lassen, welche Bedeutung dieser Erscheinung zuzuschreiben ist, und uns nur auf die Mittheilung

---

[1]) Ohne Croatien-Slavonien.

[2]) Die auf das ganze Land bezüglichen Angaben und für 1892 und 1893 sind noch nicht publicirt.

einiger Angaben beschränken, aus welchen die Stellung Ungarns in der Reihe der civilisirten Staaten Europas zu erkennen ist. Es stellte sich der Coëfficient der Geburten auf 1000 Bewohner berechnet für die Jahre 1881—1890 folgendermassen:

Ungarn	44·2	Schottland	31·8
Oesterreich	37·9	Gross-Britannien insgesammt	31·2
Italien	37·8	Norwegen	30·4
Holland	37·5	Belgien	30·0
Preussen	37·4	Schweden	29·1
Deutsches Reich insgesammt	36·8	Schweiz	28·0
England	32·4	Frankreich	23·9
Dänemark	32·0	Irland	23·4

Hieraus ergibt sich, dass die Geburtenfrequenz in Ungarn selbst in den Städten eine bedeutendere ist, als in jedwedem anderen Staate Europas, deren Natalitäts-Coëfficient durch die grössere Geburtendichtigkeit der Landgemeinden selbstverständlich schon bedeutend erhöht erscheint. Auch heute, trotzdem sich eine entschieden sinkende Tendenz geltend macht, sind die Geburten in den ungarischen Städten zahlreicher als in den meisten Staaten Europas. Es betrug nämlich die auf 1000 Bewohner fallende Geburtenzahl

	in den ungar. Städten	in der Provinz	zusammen
in der Periode 1876—80	38.5	—	44·1
" " 1881—85	38·2	45·3	44·8
1886—90	37·9	44·4	43·5
" " 1691—93	37·1	?	?

Gehen wir nun auf die Verhältnisse der einzelnen Städte über, so ergeben sich — laut Tabelle 1 — als Durchschnitt der Natalitäts-Coëfficienten für die gesammte Beobachtungsperiode folgende Ziffern:

Nyiregyháza	51·1	Zombor	87·0
Félegyháza	51·0	Kolozsvár (Klausenburg)	36·7
Békés-Csaba	49·2	Pancsova	36·7
Szabadka	45·7	Székes-Fejérvár (Stuhlweissenbg.)	36·5
Jászberény	45·4	Szatmár-Németi	36·4
Makó	45·0	Budapest	35·7
Békés	44·1	Nagy-Körös	35·3
Kecskemét	44·1	Baja	35·3
Czegléd	42·5	Debreczen	34·8
Újvidék (Neusatz)	39·7	Pozsony (Pressburg)	34·3
Miskolcz	39·1	Komárom (Komorn)	33·9
Szeged	39·1	Temesvár	33·8
Kassa (Kaschau)	38·9	Györ (Raab)	33·6
Versecz	38·3	Pécs (Fünfkirchen)	32·6
Hódmezö-Vásárhely	38·1	Maros-Vásárhely	31·3
Arad	37·7	Brassó (Kronstadt)	30·8
Nagyvárad (Grosswardein)	37·4	Sopron (Oedenburg)	30·5
Selmeczbánya (Schemnitz)	37·2		

In der topographischen Vertheilung der Geburtenfrequenz und in derem Zusammenhange mit den culturellen Verhältnissen der einzelnen Städte prägt sich eine auffallende Gesetzmässigkeit aus. Wir finden, dass sich die auffallend hohe — selbst $50^0/_{00}$ überschreitende — Geburtenfrequenz fast ausschliesslich auf die volkreichen Städte und Märkte der ungarischen Tiefebene beschränkt, auf jene rein magyarischen Ortschaften, deren Bevölkerung fast ausschliesslich der Landwirthschaft obliegt und industrielle Beschäftigungen fast gar nicht kennt, — während in den alten Culturstätten des Landes, mit deren zum grossen Theile nicht-magyarischen, aber auf einer gewissen Höhe der materiellen und intellectuellen Cultur stehenden Bevölkerung, die Geburtenfrequenz eine sehr geringe ist. Als Extreme stehen an der einen Seite Nyíregyháza, Félegyháza, Békés-Csaba, Szabadka, Jászberény, Makó mit 45—50, — an der anderen Seite Sopron (Oedenburg), Brassó (Kronstadt), Maros-Vásárhely, Pécs (Fünfkirchen), Győr (Raab) und Temesvár mit $30-34^0/_{00}$. Eine Reihe ungarischer Städte hält die Mitte zwischen den beiden Extremen, aber auch unter diesen nähert sich das mehr agricole aber seit jeher eine höhere Culturstufe einnehmende Debreczen, ferner die alten Städte Pozsony (Pressburg) und Komárom (Komorn), Székes-Fejérvár (Stuhlweissenburg) und Kolozsvár (Klausenburg) den Städten mit geringer Geburtenfrequenz, während selbst Szeged, Versecz und Kecskemét, trotz ihres mehr städtischen Charakters sich den durch grossen Kindersegen gekennzeichneten Orten der ungarischen Tiefebene anreihen. Am auffallendsten ist die niedrige Geburtsziffer der grossen ackerbauenden Städte Hódmező-Vásárhely, Nagy-Körös und Baja, deren Charakter ein von dem der Industrie-Städte durchaus verschiedener ist. Die Hauptstadt Budapest reiht sich — mit einem Coëfficienten von 35·7 — den Städten der geringen Natalität an, nimmt aber in dieser Beziehung eine weit höhere Stelle ein, als seinem populationistischen Charakter nach vorauszusetzen wäre.

Es beträgt der Natalitäts-Coëfficient

in den älteren Städten .. .. 34·5
in den Alföld-Städten .. .. 40·7
in Budapest .. .. 35·7

Wir müssen hier noch der Schwankungen gedenken, welche der Geburten-Coëfficient im Laufe der Jahre aufweist und die Grenzen feststellen, innerhalb welcher sich diese Schwankungen bewegen. Wie schon Eingangs erwähnt, kann im Allgemeinen eine Verminderung der Geburtenfrequenz constatirt werden; diese Verminderung ist nicht ohne Ausnahmen und sind es namentlich die beiden letzten Jahre (1892 und 1893), die manchen Orts zu einer Steigerung des Geburten-Coëfficienten führten. Gegen die vorhergehenden Jahre ist aber die Verminderungstendenz nicht zu verkennen. Als Beispiel mögen drei gänzlich verschieden gestaltete Stadtbevölkerungen, die von Budapest, Sopron und Zombor dienen. Die Geburtenziffer gestaltete sich in diesen drei Städten folgendermaassen:

	Budapest	Sopron	Zombor
1878	38·6	32·4	46·9
1879	37·4	33·5	44·0
1880	36·5	32·0	42·2
1881	34·9	32·6	39·3
1882	35·9	32·4	36·8
1883	35·2	29·8	37·6
1884	34·9	30·4	40·4
1885	35·8	27·8	36·7
1886	35·2	29·1	36·2
1887	35·6	29·4	36·3
1888	35·1	29·7	35·5
1889	35·8	28·9	34·5
1890	34·2	27·7	30·9
1891	37·0	33·7	33·3
1892	35·7	29·5	31·0
1893	36·8	30·4	33·1

Bezüglich der Schwankungen der Geburtenfrequenz im Laufe der Beobachtungsjahre kann es als Regel betrachtet werden, dass dieselben umso geringer sind, je westlicheren Characters die Cultur der Bevölkerung ist, während in den grossen agricolen Städten des Alföld der Geburten-Coëfficient sehr bedeutenden Schwankungen unterworfen ist. Als Beispiel können einerseits Pozsony, Győr, Budapest, Nagyvárad, Pécs, Brassó, Sopron, anderseits Békés-Csaba, Békés, Zombor, Versecz, Szabadka, Czegléd dienen; dort bewegt sich der Geburten-Coëfficient in sehr engen Grenzen, indem die Schwankungen nur 1—6⁰/₀₀ betragen, während hier die Oscillationen auch auf 15 bis 20⁰/₀₀ steigen. Diese Unterschiede mögen ihre Ursache darin finden, dass die städtische Bevölkerung, in deren Kreis die Eheschliessungen wohl seltener, daher die Geburten im Allgemeinen geringer sind, infolge ihrer gesicherteren Erwerbsverhältnisse unter verhältnissmässig constanteren Umständen lebt, als in den grossen ackerbauenden Ortschaften, wo das Prosperiren der Bevölkerung oft vom Ertrag der Ernte abhängt und — wie statistisch nachgewiesen — die Zahl der Eheschliessungen und der Geburten mit dem Ertrag der Ernte und dem Preise des Getreides in directem causalen Zusammenhange steht.[1]

---

[1] Eine Ausnahme scheint Temesvár zu machen, wo die Schwankung des Coëfficienten 12⁰/₀₀ beträgt; die grosse Differenz wird durch die äusserst geringe Geburtsziffer des Jahres 1879 verursacht (nämlich 24·1 zwischen 33·7 und 34·7), die — nebenbei bemerkt — auch ganz unwahrscheinlich erscheint.

Welches sind nun die Verhältnisse und Ursachen, welche die grossen Unterschiede zwischen der Geburtenfrequenz der ackerbauenden und der industriellen Städte Ungarns bedingen? Die Ursachen können zweierlei Art : ethnischer oder socialer Natur sein. Die ethnographischen Unterschiede sind recht auffallend; die durch grossen Kindersegen hervorragenden Alföld-Städte sind fast rein magyarisch, während die an Kindern ärmeren industriellen Städte von gemischter, theils vorwiegend nicht-magyarischer Bevölkerung bewohnt sind oder wenigstens ursprünglich von Nicht-Magyaren bevölkert waren. Bei eingehender Untersuchung liesse sich ein Zusammenhang zwischen Rasse und Fruchtbarkeit gewiss nachweisen ; bei der grossen Mischung aber, die heute bereits in jeder städtischen Bevölkerung stattgefunden hat, verwischen sich die Unterschiede der Rasse sehr stark, weshalb wir bei dieser Gegelenheit auf diese viele Mühe und Raum beanspruchenden Untersuchungen verzichten und uns hauptsächlich mit den Ursachen socialer Natur beschäftigen wollen. Es ist hier namentlich die von der Landbevölkerung abweichende Zusammensetzung der städtischen Bevölkerung, der wir unsere Aufmerksamkeit widmen wollen. Die Anziehungs- und Assimilationsfähigkeit der Städte bringt es mit sich, dass sich dort die Alters- und Civilstandverhältnisse ganz anders gestalten, als am Laude oder in ländlichen Gemeinden. In den Städten, wo der Ackerbau in den Hintergrund tritt, hingegen Industrie und Handel die bedeutendsten Erwerbsquellen darstellen, wo bei dem gesteigerten Kampf um das Dasein die Concurrenz eine vielseitige und drückende ist, sind die Erwerbsverhältnisse schwierigere als am flachen Lande und wird dadurch die Möglichkeit der Familiengründung eine geringere und später eintretende. Schon hieraus erklärt sich in den Städten die geringere Anzahl der in Familien Lebenden und die — mit der Grösse und materiellen Cultur der Stadt stetig zunehmende — Masse der nicht verheiratheten Personen. Hiezu tritt noch der Umstand, dass die grösseren Städte eine Menge von Personen an sich ziehen, die überhaupt nicht in der Lage sind, in die Ehe zu treten und daher die Zahl der Ledigen bedeutend vermehren; solches sind die zahlreichen fremden Schüler, Dienstboten, Insassen von Krankenhäusern und anderen Instituten, die grosse Masse mehr-minder fluctuirender Taglöhner und Arbeiter u. s. f. Durch den Zuzug solcher nicht heirathsfähiger Elemente wird das ohnehin schon bedeutende Contingent der Ledigen noch um ein Erhebliches bereichert. Es ist daher klar, dass in den durch Zuzug wachsenden industriellen Städten die Geburtenfrequenz schon aus den obigen Gründen eine geringere sein muss, als in den, durch solche Einflüsse nicht berührten, ackerbautreibenden Land- oder Stadtgemeinden.

Wie verschieden die Zusammensetzung der Bevölkerung in den

Landgemeinden, den Städten (selbständigen Municipien) und der Hauptstadt ist, geht aus folgendem Vergleiche hervor.

Es finden sich nach den Resultaten der Volkszählung von 1891

	unter hundert Männern			unter hundert Frauen		
	ledige	verheirathete	Witwer u. geschiedene	ledige	verheiratete	Witwen u. geschiedene
in den Landgemeinden	25·7	69·3	5·0	16·9	67·6	16·5
in den Städten	31·6	60·6	4·8	28·1	54·6	17·3
in der Hauptstadt	45·9	49·0	4·1	39·0	44·5	16·5

Noch ersichtlicher werden die Unterschiede, wenn wir die einzelnen Städte in Betracht ziehen. Fassen wir die ackerbauenden Städte des Alföld in eine Gruppe zusammen, und stellen wir ihnen die industriellen Städte gegenüber, so ergibt sich als Resultat — um nur einige charakteristische Beispiele anzuführen — dass in den ackerbauenden Städten unter 100 Frauen verheirathet sind

in Hódmező-Vásárhely .. .. 73·6
» Szabadka .. .. 69·9
» Szeged .. .. 64·3
» Zombor .. .. 64·1
» Versecz .. .. 63·9
» Kecskemét .. .. 59·3
» Baja .. .. 57·6

dagegen in den industriellen Städten:

in Kolozsvár .. .. 49·0
» Sopron .. .. 48·6
» Temesvár .. .. 47·2
» Kassa .. .. 45·3
» Budapest .. .. 44·5
» Györ .. .. 43·8
» Pozsony .. .. 40·2

Solche bedeutende Abweichungen genügen, um die Unterschiede der Geburtenfrequenz zu erklären. Es muss hiebei noch erwähnt werden, dass auch die spätere Schliessung der Ehen mit zu den Umständen gehört, welche die Natalitätsziffer in den entwickelteren Städten herabdrückt.

Aus dem Gesagten geht hervor, dass der übliche Natalitäts-Coëfficient, der die Geburten der gesammten Volkszahl gegenüber stellt, zur Beurtheilung der Geburtenfrequenz nicht dienen kann, da derselbe durch Factoren beeinflusst wird, die mit den Geburten in keinerlei Connexion stehen. Eine richtige Geburtenfrequenz kann nur dann ausgewiesen werden, wenn die Zahl der Geburten auf die Anzahl der im zeugungsfähigen Alter stehenden Frauen bezogen wird. Ein solcher Vergleich eliminirt alle durch die Anwesenheit der diesbezüglich indifferenten Volksmassen verursachten Störungen und reducirt die Volkszahl auf eine identische, vergleichbare Basis. Es ist selbstverständlich, dass dort, wo die Zahl der in zeugungsfähigem Alter stehenden Frauen eine geringe ist, die Zahl der geborenen Kinder — ceteris paribus — eine geringere sein muss. Solcherart erhalten wir folgendes Resultat:

Auf 1.000 Frauen in zeugungsfähigem Alter (15--50 Jahre) fallen Geburten in

Szabadka	187·6	Nagyvárad	127·5
Kecskemét	178·7	Kassa	127·4
Szeged	158·8	Kolozsvár	123·8
Maros-Vásárhely	157·2	Selmeczbánya	123·1
Versecz	146·3	Pancsova	121·7
Zombor	148·2	**Budapest**	**117·9**
Hódmező-Vásárhely	137·2	Pécs	116·8
Székesfehérvár	136·4	Győr	116·0
Arad	134·0	Pozsony	114·6
Szatmár-Németi	131·7	Sopron	112·7
Baja	130·1	Temesvár	111·2
Ujvidék	128·7	Komárom	103·4
Debreczen	128·3		

Das Bild, das sich aus dieser Aufzählung darbietet, ist ein entschieden präciseres, als das auf Basis des üblichen Natalitäts-Coëfficientene entworfen. Allerdings wirkt auch hier noch ein Factor störend ein, und dies ist der Umstand, dass die Geburten mit allen zeugungsfähigen — verheiratheten und ledigen — Frauen verglichen wurden, daher in der Summe der Frauen die verheiratheten und nichtverheiratheten mit dem Gewicht ihrer Anzahl auftreten, während der Antheil dieser beiden Gruppen an der Zahl der Geburten ein verschieden gestalteter ist. In den städtischen Municipien sind die ledigen Frauen halb so zahlreich als die verehelichten; dagegen nehmen dieselben an der Zahl der Geburten nur mit durchschnittlich 6—7°/₀ Theil, wodurch der Natalitäts-Coëfficient wesentlich beeinflusst wird. Auf diesen Umstand werden wir noch später bei Besprechung der illegitimen Geburten zu sprechen kommen.

S e x u a l p r o p o r t i o n. Das männliche Geschlecht ist unter den Geborenen immer stärker vertreten, als das weibliche. Es finden sich nur wenige Jahre, wo mehr Mädchen geboren wurden und im Durchschnitte aller Beobachtungsjahre findet sich keine einzige Stadt mit einem Mädchen-Ueberschuss. Am geringsten ist der Ueberschuss der Knabengeburten in Maros-Vásárhely, wo er nur 4 Promille beträgt, am bedeutendsten in Jászberény, wo das Plus selbst im Durchschnitt bis 116 Promille steigt. Eine Gesetzmässigkeit im Verhältnisse der Geschlechter lässt sich aus unseren Daten nicht ersehen, desgleichen scheint auch im Laufe der Zeit keine bestimmte Tendenz zur Geltung zu kommen.

Wir begnügen uns daher damit, die Proportion der einzelnen Städte in steigender Reihenfolge anzuführen.

Im Laufe der Beobachtungsperiode fielen durchschnittlich auf 1.000 Mädchen in

	Knaben		Knaben
Maros-Vásárhely	1.004	Selmeczbánya	1.053
Pancsova	1.022	Ujvidék	1.053
Makó	1.023	Komárom	1.056
Nagyvárad	1.024	Nagy-Kőrös	1.053
Miskolcz	1.025	Versecz	1.061
Zombor	1.027	Békés-Csaba	1.062
Czegléd	1.031	Debreczen	1.064
Arad	1.031	Székes-Fejérvár	1.073
Kassa	1.036	Pécs	1.074
Szabadka	1.038	Baja	1.074
Budapest	**1.041**	Szeged	1.074
Sopron	1.042	Győr	1.075
Kecskemét	1.044	Békés	1.075
Hódmező-Vásárhely	1.044	Brassó	1.079
Nyiregyháza	1.045	Szatmár-Németi	1.093
Kolozsvár	1.047	Félegyháza	1.095
Pozsony	1.051	Jászberény	1.116
Temesvár	1.051		

Legitimität der Geborenen.

Unter den Lebendgeborenen waren illegitim

	absolut	in %		absolut	in %
1878	7.498	7·0	1886	9.320	6·1
1879	7.760	7·1	1887	9.466	6·1
1880	7.992	7·2	1888	9·561	6·1
1881	8.138	6·8	1889	9.653	6·1
1882	8.580	7·0	1890	9.566	5·9
1883	9.124	6·5	1891	10.231	6·2
1884	9.514	6·8	1892	9.382	6·1
1885	9.591	6·4	1893	10.036	6·5

Wie ersichtlich, schwankt das Verhältniss der illegitimen Geburten zwischen 6 und 7% und weist, von vorübergehenden Unregelmässigkeiten abgesehen, eine entschieden sinkende Tendenz auf. Die Extreme stellen Békés-Csaba mit 2·7 und Budapest mit 30·0 % an illegitimen Kindern dar. Bezeichnen wir die Städte mit weniger als 10% illegitimer Geburten als Städte mit geringer, jene mit mehr als 15%, als Städte mit hoher Illegitimität, so finden wir in der ersten Gruppe — Brassó und Selmeczbánya ausgenommen — nur ackerbautreibende Städte des

Alföld, in der letzteren zumeist die Städte unserer ersten Gruppe. Der Procentsatz der illegitimen Geburten beträgt nämlich in

Békés-Csaba	2·7	Sopron	11·2
Jászberény	3·3	Pancsova	11·5
Félegyháza	3·4	Baja	11·7
Szabadka	4·8	Maros-Vásárhely	12·6
Czegléd	5·1	Komárom	12·7
Békés	5·7	Szatmár-Németi	14·1
Makó	5·9	Pécs	15·1
Brassó	6·0	Debreczen	15·8
Hódmező-Vásárhely	7·1	Győr	16·5
Szeged	7·3	Arad	17·8
Selmeczbánya	7·6	Kassa	20·0
Kecskemét	8·5	Kolozsvár	20·7
Zombor	8·5	Miskolcz	20·9
Versecz	8·7	Pozsony	24·1
Székes-Fejérvár	10·2	Nagyvárad	24·7
Ujvidék	10·3	Temesvár	25·1
Nagy-Körös	10·8	Budapest	30·0
Nyiregyháza	11·1		

Nach den drei Gruppen ist der Procentsatz:

in den älteren Städten .... 17·1
in den Alföld-Städten .... 9·5
in Budapest .... 30·0

Vergleichen wir die Percentsätze mit der Höhe der illegitimen Geburten im ganzen Lande (durchschnittlich 8·5), so finden wir die Mehrzahl der Städte über diesem Mittel, nur die Städte des Alföld unterhalb desselben.

Die grössere Anzahl der illegitimen Geburten in den Städten ist ein so bekanntes statistisches Factum, dass in den obigen Ziffern nur jene Thatsache besonders hervorgehoben zu sein verdient, dass zahlreiche Städte des Alföld, ferner auch Brassó unter dem Durchschnitte stehen. Die übliche, und auch im Obigen angewendete Berechnung der illegitimen Geburten ist aber nicht geeignet als Maassstab zur Vergleichung einzelner Städte oder Länder zu dienen. Die Anzahl der unehelichen Geburten hängt nicht von jener der ehelichen, sondern von der Anzahl der im zeugungsfähigen Alter (15—50 Jahre) stehenden unverheiratheten Frauen ab. Die auf Grund dieser, nach dem Vorgange von Berg und Bertillon auch anderwärts eingeführten Berechnung sich ergebenden Resultate sind von den früheren wesentlich verschieden. Vergleichen wir beispielsweise die illegitimen Geburten von Szabadka und Budapest. Nach der älteren Methode berechnet beträgt deren Percentsatz dort 4·8%, hier 30·0%. In der Hauptstadt wären daher die Verhältnisse sechsmal ungünstiger. Nun sind aber in Szabadka nur 27% der im zeugungsfähigem Alter stehenden Frauen unverheirathet, in Budapest dagegen doppelt so viel. Es müsste daher — bei gleicher moralischer Belastung — das Verhältniss der illegitimen Kinder schon doppelt so gross sein. Nur was darüber hinausgeht, darf den speciell hauptstädtischen Verhältnissen zur Last geschrieben werden : die Verschlimmerung gegen Szabadka beträgt daher nur das Dreifache.

Es ergibt sich hieraus ferner, dass auch der auf die Anzahl der in zeugungsfähigem Alter stehenden Frauen basirte allgemeine Fruchtbarkeits-Coëfficient in seine zwei Elemente, die legitime und illegitime Fruchtbarkeit zerlegt werden muss. Ja wir möchten behaupten, dass die Berechnung der genannten a l l g e m e i n e n Fruchtbarkeitscoëfficienten ohne besondere Bedeutung ist. Ist von Fruchtbarkeit die Rede, so darf nur die Anzahl jene Gesammtheit in Betracht gezogen werden, die der Conception factisch ausgesetzt ist. Dieser Chance sind aber nur die verheirateten Frauen ausgesetzt, nicht die Ledigen, denen dies durch Gesetz und Sitte geradezu verwehrt ist und bei denen der Eintritt dieses Falles eine ebensolche A u s n a h m e wie jede andere gesetzwidrige Handlung bildet. Das Verhältniss der illegitimen Kinder, das nichts anderes ist, als ein Beweis der Häufigkeit gefallener Frauenzimmer ist, hat mit der Fruchtbarkeit nichts zu thun. Ein Maass der illegitimen Fruchtbarkeit könnte wohl erwiesen werden, wenn man untersuchen könnte, wie viele Kinder von Frauen oder Mädchen erzeugt worden sind, die — obwohl nicht verehelicht — sich den Männern in die Arme geworfen haben. Eine solche Statistik wird es wohl nie geben Die Anzahl der unehelichen Kinder ist überall eine geringe, nicht aus physiologischen Gründen, sondern einfach weil diese nicht gezeugt werden dürfen und können. Die Fruchtbarkeit einer Jungfrau, die vor der Verehelichung keine Kinder zur Welt bringen kann, ist gewiss um nichts geringer, als die der verheiratheten Frauen ; es fehlt nur die Möglichkeit, den Grad der Fruchtbarkeit erkennen zu lassen. Nimmt man aber um eine a l l g e m e i n e Fruchtbarkeit nachzuweisen, alle jene Frauen in Betracht, deren Fruchtbarkeit sich gar nicht nachweisen lässt, so kann das nur zu einem werthlosen Resultat führen.

Die legitime Fruchtbarkeit (d. h. das Verhältniss der ehelichen Geburten auf 1 000 verheirathete Frauen im Alter von 15—50 Jahren) beträgt nun in

Kecskemét	261·1	Györ	213·9
Szabadka	244·8	Kassa	211·1
Selmeczbánya	243·1	Komárom	210·7
Székes-Fejérvár	228·9	Szatmár-Németi	206·3
Ujvidék	222·0	Pozsony	203·2
Szeged	219·8	Versecz	201·1
Sopron	214·4	Arad	201·0

Zombor	198·3		Nagy-Várad	184·7
Pancsova	196·5		Debreczen	192·3
Hódmező-Vásárhely	190·4		Budapest	179·4
Baja	189·9		Pécs	172·3
Kolozsvár	187·9		Temesvár	168·2
Maros-Vásárhely	187·9			

Wie aus obiger Zusammenstellung ersichtlich, schwankt die eheliche Fruchtbarkeit zwischen 168 und 261. Diese bedeutenden Schwankungen weisen darauf hin, dass die Fruchtbarkeit der Ehe von sehr verschiedenen Umständen beeinflusst wird. Die Unterschiede, die wir bisher zwischen ackerbauenden und industriellen Städten erkannt haben, treten hier in den Hintergrund. Wohl finden wir die geringste Fruchtbarkeit in den Städten der ersten Gruppe, Städten im echten Sinne des Wortes; aber knapp an dieselben reiht sich das rein ackerbauende Hódmező-Vásárhely, und folgt noch eine Reihe anderer agricoler Städte. Dagegen finden wir unter den sehr fertilen Städten neben Kecskemét und Szabadka die Bergstadt Selmeczbánya und das commercielle Székes-Fejérvár, Städte, deren Charakter von jenem der Alföld-Städten ganz verschieden ist. Sopron und Györ, diese beiden Culturstätten West-Ungarns die wir vorher unter den kinderarmsten angetroffen, erscheinen nach dem neuen Coëfficienten als Städte mit ganz bedeutender ehelicher Fruchtbarkeit und auch Kassa und Pozsony reihen sich unter die Städte mit grösserer Fruchtbarkeit. Die grossen Unterschiede rühren von jenem störenden Einflusse her, den die illegitimen Geburten auf die Höhe des allgemeinen Coëfficienten ausüben. Je seltener die ausserehelichen Geburten sind, desto mehr wird durch dieselben der allgemeine Coëfficient herabgedrückt, was den thatsächlichen Verhältnissen keineswegs entspricht, also wieder für die Trennung der ehelichen Geburtenfrequenz von der unehelichen spricht.

Uebergehen wir nun auf den illegitimen Geburts-Coëfficienten. Nach den oben gesagten wird dieser eventuell einen Schluss auf die Moralität der Bevölkerung, und namentlich der unverheiratheten Frauenbevölkerung ermöglichen, nicht aber zu einem etwaigen Nachweis der ausserehelichen Fruchtbarkeit dienen können. In der nachfolgenden Tabelle stellen wir zusammen, wie viel aussereheliche Geburten auf 1.000 unverehelichte Frauen im zeugungsfähigen Alter fallen:

Selmeczbánya	23·0		Györ	35·1
Sopron	23·5		Zombor	36·1
Maros-Vásárhely	25·1		Ujvidék	37·8
Komárom	29·6		Baja	85·7
Székes-Fejérvár	30·8		Versecz	39·1
Szabadka	33·6		Pancsova	40·0
Szeged	34·0		Kecskemét	40·8

Szatmár-Németi	41·7	Arad	52·9
Pécs	42·0	Kolozsvár	54·0
Hódmező-Vásárhely	47·5	Temesvár	55·4
Pozsony	48·5	Nagyvárad	66·0
Kassa	48·8	Budapest	66·8
Debreczen	50·0		

Auch hier sind die Ergebnisse ganz andere, als nach der gewöhnlichen Berechnung. Die aussereheliche Fruchtbarkeit ist auch hier in denselben Städten am bedeutendsten, welche auch nach der gewöhnlichen Berechnung, den grössten Procentsatz illegitimer Kinder aufweisen. Dagegen zeigen sich bei anderen Städten bedeutende Abweichungen. Selmeczbánya, Sopron und Maros-Vásárhely weisen die thatsächlich geringste Anzahl der illegitimen Geburten aus, während alle drei nach der älteren Berechnungsmethode schon unter die Städte mit höherer Illegitimität zählten. Dagegen rangiren Hódmező-Vásárhely und Kecskemét, die sich früher als sehr günstig situirt erwiesen, nun unter den Städten mit sehr bedeutendem Illegitimismus. Die Ursachen der grösseren Häufigkeit unehelicher Geburten sind verschiedener Art; an vielen macht sich der Einfluss des Industrialismus erkennbar, aber nicht überall ist dies allein die Ursache der ungünstigeren Verhältnisse. Dies beweist Sopron und Székes-Fejérvár, wo die illegitimen Geburten sehr selten sind. Die Ziffern, die wir oben mitgetheilt, können in derartiger Berechnung insoweit als Maasstab der Moralität betrachtet werden, als man die grössere oder geringere Häufigkeit der illegitimen Geburten hiezu im Allgemeinen thunlich erachtet, doch wollen wir auf eine nähere Erörterung dieses Punktes hier nicht eingehen. Wir begnügen uns, darauf hinzuweisen, dass zwischen legitimen und illegitimen Geburten ein gewisser Zusammenhang zu constatiren ist. Mit wenigen Ausnahmen zeigt es sich, dass dort, wo die legitime Fruchtbarkeit eine geringe ist, die ausserehelichen Geburten sehr zahlreich sind, während umgekehrt mit einer geringen illegitimen Geburtenzahl zumeist eine bedeutende eheliche Fruchtbarkeit vereint geht. Als ob die Natur auf der einen Seite das ersetzen wollte, was auf der anderen Seite mangelt.

Todtgeburten.

Wie im Allgemeinen, so ist auch speciell in der Statistik der Städte die Statistik der Todtgeburten eine sehr ungenaue und unzuverlässige, oft augenscheinlich falsche. Einerseits die Schwierigkeiten, die Fehlgeburten von den Todtgeburten zu unterscheiden, andererseits aber das Bestreben der Eltern Fehlgeburten zu verheimlichen, todt-geborene Kinder als noch lebend auf die Welt gekommene hinzustellen, erklären die Mangelhaftigkeit dieser Statistik zur Genüge. Was insbesonder die geringe Anzahl der für Ungarn ausgewiesenen Todtgeburten betrifft, wäre hiebei stets zu beobachten, dass die diesfälligen Angaben des statistischen Landesbureaus auf den Aufzeichnungen der Taufmatrikeln beruhen, in welchen Todtgeburten zumeist gar nicht vorkommen. Die vom communal-statistischen Bureau gesammelten Daten beruhen hingegen auf den Berichten der städtischen Physicate (bez. Todtenbeschauer), können daher als verlässlicher und complet betrachtet werden.[1]) Trotzdem sind auch die dem communal-statistischen Bureau eingesandten Ausweise für einige Städte augenscheinlich unrichtig. Aus diesem Grunde wollen wir den diesbezüglichen Angaben auch nur wenig Raum widmen.

Die Zahl der Todtgeborenen schwankt im Mittel aller Beobachtungsjahre zwischen 0·2 und 2·4 nach je tausend Bewohner und stellt sich für die einzelnen Städte folgendermaassen:

Debreczen	2·4	Zombor	1·5
Békés	2·4	Baja	1·4
Hódmezö-Vásárhely	2·3	Pancsova	1·4
Pécs	2·3	Székes-Fejérvár	1·3
Nagy-Körös	2·2	Kassa	1·3
Czegléd	2·2	Temesvár	1·3
Komárom	2·0	Pozsony	1·2
Kecskemét	1·9	Selmeczbánya	1·2
Budapest	1·8	Jászberény	1·2
Ujvidék	1·8	Szeged	1·2
Szatmár-Németi	1·8	Versecz	1·2
Arad	1·8	Györ	1·0
Makó	1·7	Sopron	0·9
Miskolcz	1·7	Nyiregyháza	0·8
Nagyvárad	1·6	Marosvásárhely	0·7
Kolozsvár	1·6	Szabadka	0·4
Brassó	1·5	Félegyháza	0·2
Békés-Csaba	1·5		

[1]) Wie bedeutend der Unterschied zwischen den beiden Angaben ist, erhellt aus einigen Beispielen. In den Jahren 1890 und 1891 gab es Todtgeburten

	nach den Angaben	
	der Landes-Stat'stik (Taufmatrikel)	unserer Bulletins (Physicatsberichte)
in Pécs	83	194
» Nagyvárad	36	94
» Baja	5 (!)	77
» Kolozsvár	7 (!)	139

Zur Zahl der Lebendgeborenen (1000) stellt sich das Verhältniss der Todtgeborenen folgendermaassen:

Debreczen	70·3	Baja	39·6
Pécs	69·3	Pancsova	38·5
Nagy-Kőrös	60·9	Makó	37·3
Hódmező-Vásárhely	60·8	Székes-Fejérvár	36·2
Komárom	58·6	Kassa	34·0
Békés	54·7	Pozsony	33·7
Czegléd	50·5	Selmeczbánya	32·6
Budapest	50·2	Versecz	30·1
Brassó	48·9	Sopron	29·9
Szatmár-Németi	48·5	Békés-Csaba	29·6
Arad	48·3	Győr	29·3
Ujvidék	45·3	Szeged	28·9
Kolozsvár	43·7	Jászberény	26·7
Nagyvárad	43·3	Maros-Vásárhely	23·3
Miskolcz	43·3	Nyiregyháza	15·4
Kecskemét	42·1	Szabadka	9·8
Zombor	41·1	Félegyháza	2·9
Temesvár	39·6		

Es ist klar, dass die Angaben der zwei letzten Städte irrige sind. Sehen wir von diesen ab, so zeigen sich noch immer ganz bedeutende Unterschiede, deren Ursachen sich umso weniger finden lässt, als das Auftreten der Todtgeburten in unseren Städten keinerlei Gesetzmässigkeit constatiren lässt. Die diesbezüglichen Schwankungen, die sich im Laufe der Zeit bei einzelnen Städten erkennen lassen, dürften zum Theile auch den Schwierigkeiten in der Aufnahme der Todtgeburten zuzuschreiben sein. In Städten, wo die Statistik auf sicherer Basis ruht, sind auch die Schwankungen nur geringere. Als Beispiel möge Budapest dienen, wo die Zahl der Todtgeburten auf 1.000 Lebendgeburten folgende war:

1878 - 1880	47·1
1881 — 1885	52·8
1886 — 1890	50·6
1891 — 1893	48·4
im Durchschnitt	50·2

II. Sterblichkeit.

Die Sterblichkeit im Allgemeinen.

Die ziffermässigen Angaben über die Sterblichkeit rühren aus denselben 35 Städten her, deren Natalitätsverhältnisse wir im ersten

Theil dieser Arbeit besprochen haben. Nach diesen Angaben betrug die Sterblichkeit, im Vergleiche zu der des Landes, von 1878 bis 1893:

	in den Städten	am flachen Land	in ganz Ungarn	auf 1000 Bewohner Städte	flaches Land	ganz Ungarn
1878	40.183	472.506	512.689	37·5	.	38·0
1879	39.769	452.607	492.376	36·4	.	36·2
1880	40.263	479.749	520.012	36·1	.	38·0
1881	39.984	443.440	483.424	33·6	35·2	34·4
1882	42.017	452.885	500.902	34·4	35·3	35·3
1883	44.140	406.091	450.231	31·8	32·3	32·2
1884	43.202	395.240	438.442	30·7	31·0	31.9
1885	46.330	416.283	462.613	31·1	32·4	31·9
1886	52.664	414.807	467.471	34·7	32·0	31·6
1887	49 733	455.053	504.786	32·3	31·6	33·8
1888	48.730	429.476	478.206	31·1	32·5	32·0
1889	45.141	401.100	446.241	28·4	30·0	29·8
1890	49.567	440.273	489.840	30·6	32·7	32·4
1891	51.706	455.877	507.583	31·4	33·6	33·1
1892	54.372	. ¹)		32·4	.	.
1893	51.684	. ¹)		29·9	.	.

Im Vergleiche zum Lande stellen sich die Mortalitätsverhältnisse der Städte durchschnittlich besser als in der Provinz; der Vorsprung schwankt bis 2·4 pro Mille. Nur in zwei Jahren (1886 und 1887) gestalteten sich die Verhältnisse in den Städten ungünstiger als im Lande. In den ersteren Jahren war es Budapest allein, das durch seine hohe Mortalität (infolge Blattern- und Cholera-Epidemie) den Coefficient der Städte verschlimmerte.

Die Stelle, welche Ungarn hinsichtlich seiner Mortalität in der Reihe der civilisirten Staaten Europas einnimmt, ist — auf Basis der Daten von 1884—1890 — die folgende:

Ungarn	33·0	Belgien	20·1
Oesterreich	29·5	Schottland	19·2
Italien	27·3	England	19·1
Deutschland insgesammt	25·1	Gross Britannien insgesammt	19·0
Preussen	24·7	Irland	17·9
Frankreich	22·0	Dänemark	18·6
Holland	25·9	Schweden	16·9
Schweiz	20·8	Norwegen	16·9

Wie bezüglich der Natalitäts-Verhältnisse an erster Stelle, steht Ungarn in Bezug auf Mortalität an letzter Stelle unter den civilisirten Staaten Europas. Die Erscheinung, dass hohe Geburtsfrequenz mit hoher Sterblichkeit verknüpft sei, ist nicht neu und, wie bekannt, eine noth-

---

¹) Die auf das ganze Land bezüglichen Angaben für 1892 und 1893 sind noch nicht publicirt.

besonders hohen Stufe stehen (Sopron und Brassó), aber knapp an wendige Folge der grossen Kindersterblichkeit. Uebrigens ist die Sterblichkeit unserer Städte auch in den höheren Altersclassen eine bedeutendere als im Auslande und sind es Factoren der verschiedensten Art, deren Zusammenwirken die hohe Sterblichkeit verursacht.

Blicken wir auf die 16 Jahre unserer Beobachtungsperiode zurück so muss eine entschiedene Wendung zum Bessern constatirt werden; der Mortalitäts-Coefficient unserer Städte ist seit Ende der siebenziger Jahre von 36 und 37⁰/₀₀ auf rund 30⁰/₀₀ herabgesunken und hat einmal — im Jahre 1889 — auch schon nicht mehr als 28·4 betragen. Auch hierin kommt die grössere Cultur der städtischen Bevölkerung zum Ausdrucke: am flachen Lande ist wohl auch eine Besserung zu bemerken, doch ist dieselbe eine geringere. Es betrug nämlich die Mortalitätsziffer auf 1.000 Bewohner:

	in den Städten	am flachen Land	zusammen
in der Periode 1878—1880	35·6	.	37·4
» » » 1881—1885	32·3	33·4	33·2
» » » 1886—1890	31·4	32·9	31·9
» » » 1891—1893	31.2	.	.

In den einzelnen Städten ist das Verhältniss das folgende:

Brassó .... 25·0	Szatmár-Németi .... 33·7
Sopron .... 25·7	Kolozsvár .... 33·8
Nagy-Kőrös .... 28·3	Komárom .... 33·9
Hódmező-Vásárhely .. 28·6	Selmeczbánya .... 34·5
Szeged .... 29·6	Kecskemét .... 34·6
Békés .... 29·9	Szabadka .... 34·7
Maros-Vásárhely .... 30·7	Arad 35.1
Budapest .... 31·6	Temesvár .... 35·1
Makó .... 31·0	Békés .... 35·8
Pécs .... 31·3	Versecz .... 36·0
Zombor .... 31·4	Kassa .... 36·4
Baja .... 31·6	Jászberény .... 36·5
Debreczen .... 31·8	Pozsony .... 36·8
Ujvidék .... 32·1	Nyiregyháza .... 36·9
Miskolcz .... 32·2	Félegyháza .... 37·0
Czegléd .... 32·7	Békés-Csaba .... 37·6
Győr .... 33·0	Nagyvárad .... 37·7
Pancsova .... 33·6	

Im Allgemeinen sind die Unterschiede in der Mortalität der einzelnen Städte geringere als die der Natalität, das Verhalten der einzelnen Kategorien jedoch ist ein von dem der Natalität ganz verschiedenes und weniger regelmässiges. Ein allgemeiner Einfluss des mehrweniger städtischen Charakters, der verschiedenen Beschäftigung der Bewohner kann hier nicht nachgewiesen werden. Wohl finden wir die geringste Sterblichkeit in jenen zwei Provinzstädten, die auf einer dieselben reihen sich schon die ackerbautreibenden Städte des Alföld: Nagy-Körös, Hódmezö-Vásárhely, Szeged, Békés, Makó u. s. w. Dagegen ist in grösseren Städten wie Nagyvárad, Pozsony, Kassa die Mortalität ebenso gross, wie in den ganz anders gestalteten agricolen Städten und Märkten Békés-Csaba, Félegyháza, Jászberény etc. Bezüglich der Mortalität verhalten sich daher auch die aufgestellten drei Gruppen der Städte fast ganz gleich. Jedenfalls müssen hier ganz andere Factoren wirken, als bei der Geburtenfrequenz und scheinen es vorwiegend Ursachen localer Natur zu sein, die Städte ganz gleicher cultureller und materieller Entwickelung bezüglich der Sterblichkeit so weit trennen, wie Hódmezö-Vásárhely (28·6) von Békés-Csaba (37·6), oder Sopron (25·7) von Pozsony (56·8). Selbst die oft ausschlaggebende Kindersterblichkeit kann die bedeutenden Unterschiede nicht erklären. Es bedürfte eben einer Reihe eingehender localer Untersuchungen, um zu bestimmen, inwieweit auf diese Verschiedenheit das Klima, die mehr-minder günstige Lage, die Entwickelung der hygienischen Factoren (Wasserversorgung, Canalisation, Bodenverhältnisse), die Art und Weise des Lebens, die Wohlstands- und Wohnverhältnisse und endlich die hygienischen Einrichtungen bez. der Mangel derselben einwirken.

Ohne auf diese Details localer Natur und localen Interesses eingehen zu wollen und zu können, wollen wir nur noch einige Worte jenen Städten widmen, in welchen wir die extremen Verhältnisse finden: Sopron und Brassó auf der einen, und Nagyvárad auf der anderen Seite. Hier wie dort ist eine Wendung zum Besseren im Laufe der Jahre zu erkennen; in Sopron und Brassó, wo die Verhältnisse schon fast normal, den Verhältnissen in den modernen Culturstaaten ähnlich genannt werden können, ist diese Besserung gering; umso bedeutender in Nagyvárad, wo der Mortalitäts-Coëfficient im Laufe der Beobachtungsperiode von 46·5 auf 32·3 gesunken ist. Diese Abnahme der Mortalität ist eine stetige und constante, und nur einmal wird die Curve der Sterblichkeit bedeutender in die Höhe getrieben. Ungefähr die Mitte zwischen den beiden Städten hält Budapest, wo die Besserung gleichfalls eine beträchtliche und noch constantere ist. Hier sank der Mortalitäts-Coëfficient von 38·6 auf 26·8 und nur im Jahre 1886 hob er sich — infolge verschiedener Epidemien — auf 37·7. Budapest stellt so ziemlich die mittlere Sterblichkeit der Städte dar, was daher als Beweis dessen dienen kann, dass die Sterblichkeit hier, trotz dem gesundheitswidrigen Einfluss der grossstädtischen Verhältnisse, eine zufriedenstellende genannt werden kann. Die bedeutende Besserung aber, die im Laufe der 16 Jahre vor sich gegangen ist, und die jährlich 6.000 Menschen vor dem frühzeitigen Tode rettet, ist eine Erscheinung, die in der hygienischen Administration der Stadt eine hochwichtige Errungenschaft bedeutet.

Altersverhältnisse der Verstorbenen.

Bis zum Jahre 1891 wies die Landes-Statistik das Alter der Verstorbenen nur nach zwei Altersklassen aus: unter 5 Jahren und über 5 Jahren. Für die Jahre vor 1891 bilden daher die durch das budapester communal-statistische Bureau gesammelten Daten die einzige Quelle, aus welcher Anhaltspunkte über die Altersverhältnisse der in Ungarn Verstorbenen geschöpft werden können. Wir wollen dieses Material nach zwei Richtungen beleuchten: 1. das percentuale Verhältniss der einzelnen Altersclassen unter sich vergleichen und 2. dieselben mit der Gesammtheit der in einzelnen Altersclassen Lebenden in Proportion stellen.

Ziehen wir die einzelnen Altersclassen in fünf Gruppen zusammen, nämlich 0—5, 5—20, 20—40, 40—60 und über 60 Jahre, und ordnen wir die Städte nach dem Verhältnisse der verstorbenen Kinder (0—5 Jahren), so sehen wir, dass diese Proportion zwischen 36·0 und 58·4 schwankt, eine Differenz, welche die Abweichungen des Sterblichkeitsmaasses selbst bedeutend übertrifft. Nun ergibt sich, dass das Verhältniss der Kindersterblichkeit in den Städten der ersten Gruppe am geringsten, hingegen in den ackerbautreibenden Alföld-Städten am höchsten ist. Diese Thatsache erhellt aus den diesbezüglichen Angaben mit grösster Präcision und zieht eine scharfe Grenze zwischen den demographischen Verhältnissen der ungarischen Städte. Pécs, Sopron, Temesvár, Brassó, Győr, Pozsony, Kolozsvár, Arad und Budapest bilden die Extreme auf der einen Seite, Békés-Csaba, Félegyháza, Jászberény, Debreczen, Békés, Szabadka, Czegléd und Nyiregyháza auf der anderen Seite. Bei den höheren Altersclassen ist das Verhalten ein umgekehrtes. Die Altersklasse von 5—20 Jahren zeigt in dieser Beziehung noch die geringsten Unterschiede und es haften ihr keine charakteristischen Züge an. Dagegen nehmen die höheren Altersclassen an der Sterblichkeit der ersten Gruppe mit grösserem Percentsatz Theil als in den agricolen Städten und Märkten des Alföld, und je höher die Altersklasse, desto bedeutender die Divergenz. Tritt auch das verschiedene Verhalten dieser Altersklassen nicht so scharf hervor, wie das der Kindersterblichkeit, so bietet es doch ein charakteristisches Merkmal der Mortalitätsverhältnisse und lässt die Verschiedenartigkeit der demographischen Verhältnisse der einzelnen Städte klar erkennen. Hier einige extreme Beispiele:

Unter hundert Verstorbenen sind im Alter von

	0—5	5 - 20	20—40	40—60	über 60
		J a h r e n			
in Pécs	36·0	9·3	15·3	17·8	21·3
» Sopron	40·7	8·3	13·0	14·1	23·4
» Félegyháza	58·4	10·6	8·3	8·6	13·5
» Békés-Csaba	58·4	10·1	8·5	9·4	13·4

In der nachfolgenden Tabelle stellen wir die percentuale Vertheilung der Sterblichkeit von 29 ungarischen Städten nach Altersclassen und in der Reihenfolge der Höhe der Kindersterblichkeit dar.

	0—5	5—20	20—40	40—60	über 60
Pécs	36·0	9·3	15·3	17·8	21·3
Sopron	40·7	8·3	13·0	14·1	23·4
Temesvár	40·7	9·3	17·1	17·2	15·2
Brassó	41·2	10·2	12·1	15·0	21·4
Györ	41·9	7·9	14·2	15·6	20·4
Pozsony	42·0	6·4	13·7	15·7	22·1
Kolozsvár	42·5	9·0	16·3	14·7	17·3
Arad	44·3	8·5	16·0	15·9	15·2
Budapest	44·6	7·2	18·5	16·4	13·1
Nagyvárad	45·2	7·5	17·5	16·4	13·2
Baja	45·3	11·5	10·7	12·2	20·3
Szatmár-Németi	46·0	9·3	14·4	14·2	16·1
Kassa	46·7	7·8	15·7	14·7	14·9
Zombor	46·9	13·7	11·8	10·7	16·2
Versecz	43·0	9·6	12·1	13·4	16·8
Székesfehérvár	48·8	8·8	10·1	12·3	19·6
Nagy-Körös	50·1	9·6	10·0	9·5	20·4
Miskolcz	50·5	10·5	11·0	10·5	17·0
Makó	50·9	13·0	10·6	8·9	16·4
Kecskemét	51·0	10·5	9·4	9·8	19·3
Szeged	51·6	10·1	13·2	10·5	14·6
Nyiregyháza	54·4	10·6	10·4	13·2	11·4
Czegléd	54·7	9·8	9·9	9·0	17·3
Szabadka	55·0	11·7	9·9	9·1	13·4
Békés	55·5	12·2	8·3	9·4	14·6
Debreczen	56·0	7·9	9·4	11·0	15·7
Jászberény	57·0	11·3	9·3	9·0	13·5
Félegyháza	58·4	10·6	8·8	8·6	13·6
Békés-Csaba	58·4	10·1	8·5	9·4	13·4

Besondere Beachtung verdienen die Verhältnisse der Hauptstadt. Bezüglich der Kindersterblichkeit reiht sich Budapest den Städten mit kleinen Coëfficienten an neunter Stelle an, nimmt daher einen verhältnissmässig günstigen Platz ein. Die übrigen Altersclassen weichen aber in grossem Maassstabe ab. Die Mortalitätsquote der Altersclasse von 5—20 Jahren ist nirgends so gering (7·2) wie hier, die Gruppe von 20—40 Jahren hingegen nirgends so stark (18·5). Dieses Verhalten weist deutlich auf die verschiedenartige Besetzung der Altersclassen hin: es muss die erstere Altersclasse verhältnissmässig schwach, die letztere sehr stark in der Hauptstadt vertreten sein. Die Resultate der Volkszählung bekräftigen diese Voraussetzung vollkommen ; von der betreffenden Bevölkerung des Jahres 1891 standen nämlich im Alter von

	in Budapest	in den übrigen Städten	am Lande
0— 5 Jahren	10·0	11·8	14·4
5—20 »	27·0	31·3	31·7
20—40 »	39·8	30·6	28·4
40—60 »	17·8	18·6	18·7

Es ist aber klar und bekannt, dass die percentuale Vertheilung der Alterclassen unter den Verstorbenen, indem sie von der Altersbesetzung der Lebenden absieht, kein Bild der Mortalitätsverhältnisse in verschiedenem Alter gibt. Dies kann nur stattfinden, wenn die Anzahl der Verstorbenen mit der Gesammtheit der im betreffenden Alter stehenden Lebenden verglichen wird. Das Bild, das wir solcherart gewinnen, ist ein von dem Obigen entschieden abweichendes, für die Städte in Vielem ungünstigeres. Es ergibt sich nämlich, dass von je tausend Bewohnern der betreffenden Alter-classe jährlich sterben, in [1])

	0—1	1—5	5—20	20—30	30—40	40—60	60—80	über 80
Sopron	252·1	41·4	6·6	9·3	11·7	19·9	66·2	261·1
Györ	401·0	56·0	7·8	18·2	16·7	27·2	73·9	180·0
Székes-Fejérvár	331·9	46·6	7·5	9·4	11·0	19·7	68·8	214·4
Pécs	342·0	42·3	9·7	13·4	16·4	25·6	77·2	180·0
Pozsony	442·3	57·0	8·0	13·6	17·4	27·8	74·4	224·6
Kassa	420·9	62·5	8·9	16·8	18·0	30·4	74·2	225·7
Kolozsvár	362·3	53·4	9·5	14·4	15·4	25·6	61·5	210·8
Kecskemét	310·8	58·5	10·7	12·1	10·6	18·2	58·9	210·9
Baja	383·0	42·5	11·4	11·0	12·2	20·0	65·1	151·3
Szabadka	261·5	65·3	10·8	10·7	10·7	15·6	49·9	181·2
Zombor	345·1	66·9	12·9	13·9	13·5	17·5	55·3	168·4
Szeged	264·0	50·4	8·8	12·3	12·6	17·3	51·5	193·1
Szatmár-Németi	372·0	43·5	9·1	13·5	15·6	24·0	59·5	183·7
Debreczen	421·7	42·6	7·9	8·2	9·8	18·2	60·4	187·7
Nagyvárad	439·6	56·4	8·7	16·5	18·4	30·1	66·0	200·0
Arad	418·3	54·2	9·2	15·7	19·3	28·1	71·9	188·0
Temesvár	434·1	56·9	10·8	17·0	18·7	29·8	68·8	202·1
Versecz	464·9	58·2	10·5	14·4	15·4	23·0	64·9	181·5
Budapest	**366·0**	**72·0**	**8·7**	**13·1**	**17·7**	**29·4**	**69·8**	**241·2**

Ein Vergleich der Städte unter einander führt zu von einander sehr abweichenden Resultaten. Im Allgemeinen ist ersichtlich, dass die

---

[1]) Die Höhe der einzelnen Altersclassen wurde auf Grund der beiden letzten Volkszählungen für die betreffende Beobachtungsperiode berechnet. Aus der Reihe der Städte mussten jedoch einzelne — jene die keine Municipien sind — weggelassen werden, da für dieselben die Vertheilung nach Altersclassen im ungarischen Censuswerke nicht mitgetheilt ist.

Sterblichkeit der einzelnen Altersclassen in Sopron am geringsten, in Nagyvárad, Temesvár, Versecz jedoch am bedeutendsten ist. Hier muss aber bemerkt werden, dass in Städten, wo die Mortalität der jüngeren Altersclassen eine geringere ist, schon in folge dessen die höheren Altersclassen eine beträchtlichere Mortalität aufweisen müssen. So finden wir die geringste Sterbensrate der hohen Altersclassen in Szabadka, Baja, Zombor, Arad, wo eben ein beträchtlicher Theil der Bevölkerung schon im Kinder- und Mannesalter abstirbt; umgekehrt steht der geringen Kinder- und Jünglingssterblichkeit in Sopron eine so hohe Greisensterblichkeit gegenüber, wie in keiner andern Stadt Ungarns. Zweifelsohne sind die Verhältnisse von Sopron die günstigsten, denn sie involviren die längste Lebensdauer. Die Verhältnisse von Sopron sind bis zum 20-ten Jahre so günstig, wie in keiner anderen Stadt Ungarns; im Mannesalter hebt sich die Mortalität einigermassen, ohne aber weit hinter der anderer Städte zurückzubleiben und selbst über 60 Jahren verzeichnen unsere Angaben eine Sterblichkeit, die günstiger ist, als die mancher anderen Städte. Ueber 80 Jahren ist dann freilich die Sterblichkeit eine grössere, wie im ersten Jahre, was nirgends im Lande seinesgleichen hat. Nur in Budapest nähert sich die Sterblichkeit der Greise (über 80 Jahren) jener von Sopron. Ganz bedeutend ist aber in Budapest die Sterblichkeit des frühesten Kindesalters. Um wie Vieles günstiger übrigens die Mortalität der mit allen hygienischen Schädlichkeiten der Grossstadt kämpfenden Capitale, gegenüber jener der kleinen Städte Ungarns ist, die doch zu meist einen mehr ländlichen Character aufweisen, möge aus folgenden 2 Beispielen hervorgehen, unter welche wir Sopron seiner besonders günstigen Verhältnisse wegen mit aufgenommen haben.

Von Tausend Seelen je einer Altersclasse sterben pro Jahr in:

Altersclasse	Budapest	Kassa	Temesvár	Versecz	Zombor	Sopron
0—1 Jahr	366·0	420·9	331·1	461·9	345·4	252·1
1—5 Jahre	72·0	62·5	56·9	58·2	60·9	41·4
5—20 »	8·7	8·9	10·8	10·5	12·9	6·6
20—30 »	13·1	16·6	17·0	13·4	13·9	9·3
30—40	17·7	18·0	18·7	15·1	13·5	11·7
40—60	20·4	30·4	29·8	23·0	17·5	19·9
60—80 »	69·8	74·2	68·8	64·9	55·3	66·2
über 80 »	244·2	228·7	202·1	181·5	163·4	261·1

Betrachten wir nun speciell die Sterblichkeit der einzelnen Altersclassen, so sehen wir, dass die Mortalität des ersten Lebensjahres überall die weitaus bedeutendste ist, indem sie zwischen 252 und 465 schwankt. Vom 1. bis zum 5. Jahre beträgt die Sterblichkeit kaum das Sechstel davon, nämlich $41-72^0/_{00}$. Am wenigsten sterben von den im Alter von 5—20 stehenden, nämlich von tausend nur 6—13; auch die Sterblichkeit der folgenden drei Jahrzehnte ist eine verhältnissmässig niedere, aber nach und nach steigende, u. zw.

im Alter von 20—30 Jahren 9—17 pro mille,
» » » 30—40 » 10—19 » »
» » » 40—60 » 15—30 » »

In späterem Alter wird die Sterblichkeit eine bedeutend grössere, indem sie im Alter von 60—80 Jahren zwischen 50 und 74, über achtzig Jahren aber zwischen 151 und 261°/oo schwankt.[1]

Bezüglich der Sterblichkeit im frühesten Kindesalter, nämlich im ersten Lebensjahre stehen uns auch noch andere Angaben zur Verfügung. Stellen wir die Zahl der innerhalb des ersten Jahres verstorbenen Kinder der Zahl der Geborenen gegenüber, so gewinnen wir das Maass der Vitalität, welches die Lebensfähigkeit der Kinder in deutlicher Weise zu Tage treten lässt. Im Vergleiche zu den vorherigen, auf die Zahl der Lebenden basirten Nachweisen, ergibt sich überall ein bedeutend geringerer Percentsatz und werden — in Folge des Umstandes, dass die Volkszählung nur die im Moment der Zählung lebende Kinderzahl kennen kann, während an der Sterblichkeit auch die im Laufe des ganzen Kalenderjahres geborenen Kinder participiren — auch die gegenseitigen Schwankungen und Abweichungen bei weitem schwächere. So ergibt sich nun, dass während in den ungar schen Städten auf 1.000 lebende untereinjährige Kinder 252 bis 464 Todesfälle kommen, von 1.000 Geborenen nur 211 bis 374 sterben.[2]

Eine nähere Betrachtung dieser Verhältnisse führt zu folgenden Resultaten: Die Sterblichkeit der Kinder unter einem Jahre ist am geringsten in Sopron mit 212, Szabadka 211, Makó 214, Békés-Csaba 218, Pécs 230, Szeged 232, und ihnen schliesst sich Budapest mit 239 an; am bedeutendsten ist dieselbe in Debreczen mit 374, Pozsony 332, Versecz 318, Kolozsvár 310 und Nagyvárad 307. Wie man sieht, reihen sich die Städte bunt an einander; Brassó und Sopron, die wir bisher an der Spitze gesehen, gehen auch hier voran; ihnen schliessen sich aber Städte wie Makó, Békés-Csaba, Szabadka an, die in jeder Beziehung weit hinter jenen zurückbleiben. Auch hier muss es eingehenden Untersuchungen der Localverhältnisse überlassen werden, die Ursachen solcher eigenthümlicher Erscheinungen zu erforschen. Es möge genügen darauf hinzuweisen, dass Budapest bezüglich der Sterblich-

---

[1] Der äusserst geringe Procentsatz von Szabadka (131·2) scheint auf irrigen Angaben zu beruhen.

[2] Brassó mit einer Kindersterblichkeit von 196 auf 1000 Geburten mussten wir bei diesem Vergleiche hier weglassen, da wir die Altersvertheilung der Bevölkerung dieser Stadt nicht kennen.

keitsquote der neugeborenen Kinder eine ziemlich günstige Stelle einnimmt, was umso bedeutsamer ist, als die Zahl der illegitimen Geburten, durch welche die Mortalität der Kinder meist verschlimmert wird, hier am höchsten ist.

In der Tabelle Nr. 7. stellen wir die diesbezüglichen Angaben (auf 1.000 Lebendgeborene berechnet) zusammen. Die Wichtigkeit, welche diesen Verhältnissen inneliegt, liess es wünschenswerth erscheinen, die Mortalität der legitimen Kinder von jener der illegitimen abzusondern. Die bekannte Thatsache, wonach die Sterblichkeit der illegitimen Kinder eine bedeutend höhere als die der legitimen ist, prägt sich in dieser Zusammenstellung deutlich aus. Finden sich auch in derselben Angaben, wonach die Sterblichkeit der illegitimen Kinder stellenweise (z. B. in Nagy-Körös, Szabadka, Zombor, Békés, Szatmár-Németi, Arad) geringer wäre wie jene der legitimen, so können wir hierin kaum etwas anderes als das Resultat entschieden irriger Angaben erblicken, obwohl auch die Möglichkeit nicht völlig ausgeschlossen scheint, wonach die illegitimen Kinder an vielen Orten legitimirt werden, daher unter den Geburten mit voller Zahl, unter den Sterbefällen aber nur zu einen Bruchtheil vorkommen. Im Allgemeinen ist die Sterbegefahr der illegitimen Kinder um die Hälfte höher, ja selbst zweimal so hoch wie die der ehelichen. Am höchsten stellt sich der Procentsatz der illegitimen Mortalität in Győr, wo von 1.000 ausserehelich geborenen Kindern im Laufe des ersten Jahres nicht weniger als 603 sterben! Dann folgt Jászberény mit 513, Debreczen mit 491, Pozsony mit 423, Versecz mit 420 und Kassa mit 405. Sehr erfreulich ist die geringe Mortalität der ausserehelichen Kinder in Budapest, wo dieselbe nur 269 beträgt. Budapest reiht sich diesbezüglich den günstigst situirten Städten an, indem es gleich nach Szatmár-Németi (228), Békés (247), Arad (257) und Szeged (267) folgt. Auffallend ist, dass in den Städten mit der geringsten ehelichen Sterblichkeit aussereheliche Kinder verhältnissmässig sehr zahlreich sterben, so von 1.000 illegitimen Kindern in Brassó 309, in Sopron 319. Hier sind es entschieden Ursachen socialer Natur, die solche bedeutende Abweichungen verursachen; eine eingehendere Untersuchung dieser Ursachen muss aber jetzt unterbleiben, da ein Eindringen in die so sehr verschiedenen nationalen, culturellen und materiellen Verhältnisse der einzelnen Städte den Rahmen und die Aufgabe unseres Referates überstiege.

Todesursachen.

Die ungarische Landesstatistik hat bisher die Todesursachen nicht in den Rahmen ihrer Beobachtung einbezogen. Zwar erfolgt die Sammlung diesbezüglicher Angaben im Sinne des Gesetz-Artikels XIV vom Jahre 1876 durch die Physici der Municipien und wurden die Resultate derselben in den Sanitätsberichten des Ministers des Innern für die Jahre 1877 bis 1887 und 1892[1]) publicirt. Diese Berichte erstrecken sich aber bei weitem nicht auf alle Todesfälle, da oft bei 40—50% der Sterbefälle die Todesursache nicht eruirt wurde, anderntheils aber dürfen diese, auf Angaben der in zahlreichen Dorfgemeinden gänzlich unverlässlichen (weil aus dem Kreise der Bauern hervorgegangenen) Todtenbeschauer beruhenden Daten nur mit grosser Reserve aufgenommen werden, da dieselben erwiesenermassen oft geradezu aus der Luft gegriffen sind.[2])

Solcherart ist auch dieser Theil der durch das Budapester communal-statistische Bureau veröffentlichten und auf den authentischen Angaben der städtischen Physici beruhenden Statistik als Quellenmaterial zu betrachten und werden dessen Ergebnisse hiemit zum erstenmale resumirt.

Werfen wir vor Allem einen Blick auf die gesammte Beobachtungsperiode, so finden wir auch hier bedeutende Schwankungen; doch ist im Ganzen genommen die Höhe der infectiösen Sterblichkeit eine bedeutende zu nennen. In den 29 Städten schwankt dieselbe — durchschnittlich — zwischen 16·4 (in Sopron) und 63·3 (in Békés-Csaba). Städte mit geringer infectiöser Mortalität sind Sopron (16·4), Pozsony (22·8), Brassó (28·1). Székes-Fejérvár (30·0), Kassa (30·2), Pécs (30·8) — ausnahmslos namhafte Culturstätten. Die höchste Mortalität an infectiösen Krankheiten weisen dagegen auf: Békés-Csaba (63·3), Szabadka (58·7), Zombor (55·2), Baja (55·0), Czegléd (53·7), Nyiregyháza (52·0) und Miskolcz (51·0), also letztere Stadt ausgenommen, lauter agricole Stätten. Eine solche Vertheilung der infectiösen Krankheiten kann keine zufällige sein. Es ist als Norm zu betrachten, dass in den Städten der ungarischen Tiefebene die infectiöse Sterblichkeit eine bedeutend höhere ist als in den alten Städten West- und Nord-Ungarns. Die Ursachen dieser Erscheinung sind zumeist in den ungünstigeren physischen Verhältnissen (ungesundes Klima, schlechtes Trinkwasser etc.) der ackerbauenden Städte des ungarischen Alföld zu suchen, die in dieser Beziehung weit hinter den oben genannten alten Städten zurückstehen. Anderseits aber darf auch der Einfluss der verschiedenen socialen Entwicklung, der höheren geistigen und materiellen Cultur, wohl auch der besseren hygienischen Administration nicht ausser Auge gelassen werden. Die

---

[1]) Für die Jahre 1888—1891 wurden die Berichte nicht veröffentlicht.

[2]) Als Beispiel möge das Factum dienen, dass in einer Gemeinde eines der am besten administrirten und verhältnissmässig vorgeschrittensten Comitate der als Todtenbeschauer angestellte Bauer alle Leute, ohne Unterschied des Geschlechtes oder Alters, an Herzschlag sterben liess.

Hauptstadt Budapest nähert sich mit ihrem Coëfficienten von 38·3 mehr den Städten mit geringerer infectiöser Sterblichkeit und kann als Beispiel dienen, dass es trotz der ungünstigen Verhältnisse, die einer Grossstadt nothwendigerweise anhaften, möglich ist, der Verbreitung der infectiösen Krankheiten Schranken zu ziehen.

Von 10.000 Bewohnern sterben an infectiösen Krankheiten in

Sopron	16·4	Félegyháza		41·2
Pozsony	22·8	Kecskemét		44·5
Brassó	28·1	Makó		44·6
Székes-Fejérvár	30·0	Békés		45·0
Kassa	30·2	Versecz		48·6
Pécs	30·8	Szeged		49·0
Nagy-Körös	31·2	Jászberény		50·2
Győr	31·7	Miskolcz		51·0
Debreczen	34·2	Nyiregyháza		52·0
Budapest	38·3	Czegléd		53·7
Nagyvárad	39·1	Baja		55·0
Szatmár-Németi	39·1	Zombor		55·2
Temesvár	39·6	Szabadka		58·7
Kolozsvár	41·1	Békés-Csaba		63·3
Arad	43·0			

Durchschnittlich fallen daher
auf die älteren Städte ..   29·9
auf die Alföld-Städte .. ..   47·7
auf Budapest .. ..   38·3

Auf das Auftreten der einzelnen infectiösen Krankheiten übergehend, sehen wir Croup und Diphtheritis als die meisten Opfer fordernden Krankheiten auftreten. Die Sterblichkeit an diesen beiden Uebeln schwankt zwischen 7·6 und 29·6 nach 10.000 Bewohnern. Die Extreme finden sich in folgenden Städten:

a) Minima.

Sopron	7·6
Brassó	8·4
Pozsony	8·4
Kassa	8·7

b) Maxima.

Zombor	29·6
Békés	28·0
Jászberény	26·7
Békés-Csaba	24·7
Szabadka	24·6
Czegléd	24·1

Die übrigen Krankheiten treten mit verschiedener Stärke auf. Verhältnissmässig am meisten Opfer fordert der Scharlach, dessen Mortalitätsquote in einzelnen Städten bis 14·6 (Békés-Csaba) nach 10.000 Bewohnern steigt (Baja 13·2. Jászberény 10·9), während er das Minimum mit 1·4 in Sopron und 1·9 in Pozsony erreicht. Die Masern sterblichkeit steigt nur in Szabadka (7·8) und einigen anderen Städten der ungarischen Tiefebene über 5, ist am geringsten in Nagy-Körös (0·5),

Sopron, Pécs (0·8) und Temesvár (0·9). Verhältnissmässig bedeutend ist die Sterblichkeit an Blattern: die Maxima sind 8·5 für Nyiregyháza, 8·1 für Szeged, 7·1 für Temesvár und Zombor, die Minima 0·3 für Győr und Brassó, 1·0 für Sopron. Pertussis culminirt mit 7·1 in Szabadka, woran sich Nagy-Körös mit 5·7 und Békés-Csaba mit 5·9 schliessen; die Minima (0·8—0·9) finden sich in den Alföld-Städten Félegyháza und Békés. Auch Typhus ist in den Städten des Alföld (Czegléd mit 14·3, dann Félegyháza und Szeged mit 8·7, Makó 8·5) und Kolozsvár (8·5) am häufigsten; die günstigsten Verhältnisse weisen die gleichfalls in der ungarischen Niederung gelegene Stadt Jászberény (2·2), ferner Nagy-Körös (3·2), Győr (3·2) und Sopron (3·4) auf. Cholera trat im Laufe der Beobachtungsperiode nur in Győr (2·9), Szeged (2·4), und Budapest (1·7) in bedeutenderem Umfange auf; in acht weiteren Städten kamen nur vereinzelte Fälle vor. Febris puerperalis nimmt mit 0·4 bis 3·0 pro Zehntausend an der Mortalität Theil.

Stellen wir die durch infectiöse Krankheiten erfolgten Todesfälle der Gesammtsterblichkeit gegenüber, so ergibt sich als Minimum 62·0 für Pozsony, als Maximum 178·7 für Békés-Csaba. Budapest mit 123·4 hält so ziemlich die Mitte zwischen den beiden Extremen. Die Reihenfolge der Städte ist die folgende:

Unter 1.000 Todesfällen sind durch infectiöse Krankheiten verursachte in

Pozsony .... 62·0	Szatmár-Németi .... 125·8
Sopron .... 66·6	Békés .... 125·9
Kassa .... 82·8	Kecskemét .... 128·7
Pécs .... 99·4	Jászberény .... 137·7
Győr .... 99·9	Versecz .... 138·2
Székes-Fejérvár .... 102·9	Nyiregyháza .... 142·3
Nagyvárad .... 103·6	Makó .... 143·9
Debreczen .... 107·6	Czegléd .... 147·0
Nagy-Körös .... 110·1	Miskolcz .... 158·4
Brassó .... 112·6	Szeged .... 170·0
Temesvár .... 112·9	Szabadka .... 172·8
Félegyháza .... 119·6	Baja .... 175·8
Arad .... 122·6	Zombor .... 176·3
Budapest .... 123·4	Békés-Csaba .... 178·7
Kolozsvár .... 124·4	

Auf die wichtige Frage, welche Veränderungen im Auftreten der infectiösen Sterblichkeit im Laufe der Jahre zu erkennen sind, lässt sich nur schwer eine Antwort ertheilen. Die Verbreitung infectiöser Krankheiten hängt von so verschiedenartigen Verhältnissen ab, dass es schwer hält in diesem Punkte eine richtige Antwort zu geben. Man bedenke auch wie eine grosse Epidemie, die auf längere Perioden bezughabenden durchschnittlichen Mortalitäts-Coefficienten auf Jahrzehnte hinaus verschlechtert, ohne dass die hygienischen Verhältnisse wirklich auf Jahrzehnte hinaus verschlimmert worden wären. So lässt auch die Cholera-Epidemie vom Jahre 1886 die hygienischen Verhältnisse der ungarischen Städte für das letzte Jahrzehnt als ungünstigere erscheinen, während mit Abrechnung des Cholerajahres thatsächlich an den meisten Orten eine entschiedene Besserung oder wenigstens keine Verschlimmerung constatirt werden kann. Uebrigens ist, wie erwähnt, das Auftreten infectiöser Krankheiten ein so sprunghaftes, dass wir uns davon enthalten wollen, diesbezüglich irgendwelche Schlüsse zu ziehen.

Als einigermaassen charakteristisch wollen wir nur jene Latituden anführen, zwischen welchen die Sterblichkeit an infectiösen Krankheiten im Laufe unserer Beobachtungsperiode in den einzelnen Städten variirt hat. Es sind dies — die Angaben beziehen sich auf 10.000 Bewohner — die folgenden:

	Minimum	Maximum		Minimum	Maximum
Sopron	2·0	42·7	Zombor	11·2	120·7
Györ	11·6	71·8	Szeged	12·0	91·3
Székes-Fejérvár	10·6	71·4	Makó	13·6	111·9
Pécs	11·3	65·0	Békés	16·5	92·0
Pozsony	7·4	50·4	Békés-Csaba	15·9	182·3
Miskolcz	29·9	104·5	Nyiregyháza	28·3	113·2
Kassa	18·1	65·7	Szatmár-Németi	21·8	66·9
Budapest	22·3	92·0	Debreczen	18·4	124·0
Jászberény	7·2	151·2	Nagyvárad	20·0	62·4
Czegléd	28·2	86·8	Arad	19·6	80·1
Nagy-Körös	17·0	46·7	Temesvár	12·1	70·7
Kecskemét	12·6	87·0	Versecz	21·0	105·3
Félegyháza	15·3	103·1	Kolozsvár	14·4	123·6
Baja	8·7	166·9	Brassó	20·0	43·4
Szabadka	11·9	85·0			

Auch aus dieser Zusammenstellung lassen sich jene Städte, die wir bisher schon so oft als günstigere Verhältnisse aufweisend hervorgehoben haben, klar erkennen; in diesen Städten, u. z. in Sopron, Brassó, Pozsony, Pécs ist das Auftreten der infectiösen Krankheiten zwischen bedeutend engere Grenzen gedrängt, wie in ungünstiger situirten Städten, wo die infectiöse Mortalität in manchen Jahren sehr stark um sich greift. Auffallend ist der geringe Procentsatz der an contagiösen Krankheiten verstorbenen Personen in Nagy-Körös, einer Stadt, die ihrer socialen und culturellen Verhältnisse nach wohl unter die grossen agricolen Gemeinden des Alföld zählt, die wir aber schon bezüglich der allgemeinen Sterblichkeit als unter die günstigst veranlagten Städte gehörig hervorzuheben Gelegenheit hatten.

Dagegen liegen jene Städte, in welchen die Mortalität an infectiösen Krankheiten bisher die bedeutendste Höhe erreicht hat, alle ausnahmlos in der ungarischen Tiefebene.

Wir dürfen es nicht unterlassen, hier die Verhältnisse der Hauptstadt eingehender zu beleuchten. Budapest stand, wie bekannt, ehedem im Rufe einer Stadt mit hoher Sterblichkeit und war es namentlich das häufig epidemische Auftreten der infectiösen Krankheiten, welche die hygienischen Verhältnisse als ungünstig erscheinen liess. Die durch infectiöse Krankheiten verursachte Sterblichkeit war auch thatsächlich eine sehr bedeutende. Im Laufe der letzten zehn Jahre haben sich aber die Verhältnisse nicht nur in dieser Beziehung, sondern bezüglich der Mortalität überhaupt bedeutend gebessert. Die Communal-Verwaltung hat die hohe Bedeutung der prophylaktischen Maassregeln erkannt und durch Einführung des Meldezwanges bezüglich infectiöser Krankheiten, durch die obligate Einführung der Schutzpocken-Impfung, durch Organisation eines rationellen Desinfections-Verfahrens und Errichtung einer Desinfections-Anstalt, durch Erweiterung der Wasserleitung und Canalisirung die Verhältnisse der Hauptstadt in bedeutendem Maasse assanirt. So ist auch die durch infectiöse Krankheiten verursachte Sterblichkeit von 61 auf 26 – 39 gesunken und nur im Jahre 1886 hob sie sich, infolge des bedauerlichen Zusammentreffens mehrerer vehementer Epidemien auf 92. Namentlich die Mitte 1881 erfolgte Einführung der Meldepflicht und der sich hieran anschliessenden prophylaktischen Maasregeln, scheint geradezu ein Markstein in der Geschichte der Budapester Epidemien zu bilden. Die Sterblichkeit an infectiösen Krankheiten betrug nämlich (auf 10.000 Bewohner berechnet) in der vorprophylactischen Periode

1878	61·3	1880	37·5
1879	49·4	1881	49·9

hingegen in der nachprophylactischen

1882	47·2	1888	22·8
1883	23·4	1889	29·6
1884	23·1	1890	32·6
1885	23·9	1891	32·3
1886	92·0	1892	39·5
1887	31·5	1893	26·7

In Tabelle 11 haben wir das Auftreten der einzelnen Krankheiten nach Jahren nachgewiesen. Die Tabelle zeigt namentlich bezüglich der Blattern eine erfreuliche Besserung, indem diese Krankheit seit mehreren Jahren ganz verschwunden ist. Gebessert haben sich ferner die Verhältnisse bezüglich Masern, Scharlach, Typhus und Keuchhusten, wogegen Croup und Diphtheritis eher eine Verschlimmerung erkennen lässt. Unter allen infectiösen Krankheiten fordern die beiden letzten die meisten Opfer, fast so viel, wie die übrigen infectiösen Krankheiten zusammen genommen. Die Cholera ist in Budapest in den Jahren 1886 und 1892 epidemisch, 1893 sporadisch aufgetreten.

Das vom Budapester communal-statistischen Bureau gesammelte Material erstreckt sich ausser den infectiösen Krankheiten noch auf Tuberculose, Diarrhoea und Enteritis, Pleuropneumonia und Bronchitis und endlich auf die gewaltsamen Todesarten. Tuberculose ist eine Krankheit, die in allen Städten sehr häufig ist und zumeist mehr Opfer fordert, als alle infectiösen Krankheiten zusammengenommen. Am bedeutendsten ist die Zahl der Tuberkel-Todesfälle in Félegyháza (83·2), am geringsten im benachbarten Nagy-Körös (21·0). In Budapest sterben von zehntausend Bewohnern durchschnittlich 63·5 an dieser Krankheit. In der geographischen Vertheilung des Auftretens dieser Krankheit lässt sich übrigens keinerlei Gesetzmässigkeit constatiren. Aehnliches kann auch von der Diarrhoen behauptet werden; die Extreme ihres Auftretens finden sich in Zombor (11·7) und wieder Félegyháza (67·7). In Budapest ist daher diese Todesursache um Vieles seltener (33·5). Pleuropneumonia und Bronchitis sind im Allgemeinen seltener und erreichen mit 51·1 Todesfällen auf 10.000 Bewohner in Békés ihren Höhepunkt. Das Minimum stellt Szabadka mit 16·2 dar.

Bezüglich Budapest muss hier noch erwähnt werden, dass sowohl die Todesfälle an Tuberculose, wie an Diarrhoea und Enteritis im Laufe der 16-jährigen Beobachtungsperiode auf die Hälfte herabgesunken sind. Es starben nämlich von 10.000 Bewohnern

	1878	1893
an Tuberculose	84·8	44·3
an Diarrhoea und Enteritis	50·5	25·2

Dagegen haben sich die lethalen Fälle von Pleuropneumonia und Bronchitis in den letzten Jahren bedeutend vermehrt, was mit der epidemisch auftretenden Influenza, als deren Folgen diese Krankheiten oft erscheinen, in Verbindung zu stehen scheint.

Was endlich die Häufigkeit der gewaltsamen Todesarten betrifft, so kann im Allgemeinen gesagt werden, dass dieselbe in den grösseren Culturorten eine grössere ist als in den Landgemeinden. Das Maximum mit 8·2 auf zehntausend Bewohner findet sich in den zwei siebenbürgischen Städten Kolozsvár und Brassó, und erst dann folgt Budapest mit 8·0, dem sich dann freilich die ackerbautreibenden Städte Nagy-Körös und Kecskemét, dann wieder Temesvár, Pécs, Arad und Kassa anschliessen. Am geringsten war die Zahl der gewaltsamen Todesfälle in Makó, Békés, Nyiregyháza und Czegléd.

III. Wachsthum der Bevölkerung.

Nachdem wir die Natalitäts- und Mortalitätsverhältnisse der ungarischen Städte besprochen, erübrigt es noch, des n a t ü r l i c h e n W a c h s t h u m e s der Bevölkerung in einigen Worten zu gedenken. Wir haben schon weiter oben bemerkt, dass der hohen Geburtenfrequenz, welche die meisten ungarischen Städte kennzeichnet, eine gleichfalls hohe Sterblichkeit gegenüber steht. Letztere ist in einigen Städten so bedeutend, dass sie selbst das Maass des Geburtenzuwachses überragt. So finden wir, dass in der Summe aller Beobachtungsjahre vier Städte die Statistik der Bevölkerungsbewegung mit einem Ausfall abschlossen; 14 Städte weisen einen geringen (bis 5°/₀₀ reichenden) Ueberschuss der Geburten nach, in 12 Städten war die natürliche Zunahme eine mässige und nur 5 Städte können sich eines bedeutenden Geburtenüberschusses rühmen. Hier die betreffenden Angaben:

Städte mit hohem Geburten-überschuss.

Nyiregyháza	14·2
Félegyháza	14·0
Makó	14·0
Békés-Csaba	11·6
Szabadka	11·0

Städte mit mässigem Geburten-überschuss.

Czegléd	9·8
Szeged	9·5
Hódmező-Vásárhely	9·5
Kecskemét	9·5
Jászberény	8·9
Békés	8·3
Ujvidék	7·6
Nagy-Kőrös	7·0
Miskolcz	6·9
Székes-Fejérvár	6·6
Brassó	5·8
Zombor	5·6

Städte mit geringem Geburten-überschuss.

Sopron	4·8
Budapest	4·7
Baja	3·7
Pancsova	3·1
Debreczen	3·0
Kolozsvár	2·9
Selmeczbánya	2·7
Szatmár-Németi	2·7
Arad	2·6
Kassa	2·5
Versecz	2·3
Pécs	1·3
Maros-Vásárhely	0·6
Győr	0·6

Städte mit Sterblichkeits-überschuss.

Komárom	— 0·0
Nagyvárad	— 0·3
Temesvár	— 1·3
Pozsony	— 2·5

Im Durchschnitt:

ältere Städte	1·7
Alföld-Städte	7·6
Budapest	4·7

Es muss befremden, so bedeutende und entwickelte Städte wie Pozsony, Temesvár, Nagyvárad, Győr, Pécs, Kassa, unter jenen

Städten zu sehen, die durch Geburtenüberschuss gar nicht oder nur sehr wenig zunehmen. Die Ursache dieser Erscheinung liegt theils in der verhältnissmässig hohen Sterblichkeit, theils in der niedrigen Natalität dieser Städte. Alle ungarischen Städte der ersten Gruppe nehmen durch Geburtenüberschuss nur in geringem Masse zu und auch Székes-Fejérvár, welches den grössten Überschuss aufweist, kann sich nicht über 6·6 erheben. Am meisten überwiegen die Geburten in den fünf Alföld-Städten: Nyiregyháza, Félegyháza, Makó, Békés-Csaba und Szabadka (11—14°/₀₀). In allen ist die Sterblichkeit eine hohe und ist es lediglich die noch höhere Geburtenfrequenz, der das bedeutende natürliche Wachsthum zugeschrieben werden muss. Was Budapest betrifft, steht hier einer mittelgrossen Sterblichkeit eine nicht zu hohe Natalität gegenüber; das Resultat ist das bekannte geringe Wachsthum der Hauptstadt durch natürliche Volksvermehrung. In dieser Beziehung haben sich übrigens — durch die consequente Abnahme der Sterbefälle — die Verhältnisse derart gebessert, dass Budapest heute schon unter die Städte mit mässiger natürlicher Vermehrung gezählt werden kann. Die steigende Tendenz ergibt sich aus folgenden Angaben:

Der Ueberschuss der Geburten über die Sterbefälle betrug in Budapest — auf 1.000 Bewohner berechnet —

in den Jahren 1878—80 .. .. 1·0
» » » 1881—85 .. .. 3·9
» » » 1886—90 .. .. 4·4
» » » 1881—93 . .. . 8·3

Die bisher im Durchschnitt aller Beobachtungsjahre geschilderten Verhältnisse erhalten eine wesentlich andere Gestaltung, wenn wir auf die einzelnen Beobachtungsjahre übergehen. Unter 35 Städten sind es nur 9, in welchen die Geburten in jedem Jahre zahlreicher waren, als die Sterbefälle; diese Städte sind: Sopron, Székesfehérvár, Kecskemét, Félegyháza, Ujvidék, Szeged, Makó, Nyiregyháza und Brassó. In den übrigen Städten waren die Sterbefälle in mehr-weniger Jahren den Geburten überlegen, u. z. in Budapest (infolge des grossen Epidemiejahres 1886), Jászberény, Czegléd, Nagy-Körös, Szabadka, Hódmező-Vásárhely, Békés, Békés-Csaba und Pancsova in je einem Jahre, in Miskolcz, Baja und Kecskemét in je zwei Jahren, in Zombor und Szatmár-Németi in je 3, in Arad, Debreczen und Selmeczbánya in je 4, in Versecz und Pécs in je 5, und in Maros-Vásárhely in je 6 Jahren. Noch schlimmer standen die Verhältnisse in den Städten Kassa, Komárom und Győr, wo die Sterbefälle in 7 Jahren in der Mehrzahl waren, ferner in Nagyvárad, Temesvár und Pozsony, wo von 16 Jahren 8, resp. 10 und 14 mit einem Plus der Sterbefälle schlossen! Wie sehr aber die Sterbefälle überwiegen, geht aus der folgenden Zusammenstellung hervor, in der wir die Maxima der Sterblichkeitsüberschüsse nach 1.000 Bewohnern (für einzelne Jahre) berechnet haben:

Pozsony (1881)	7·7		Debreczen (1880)	10·3
Komárom (1886)	8·0		Temesvár (1892)	10·7
Győr (1883)	8·1		Kolozsvár (1882)	10·9
Jászberény (1892)	9·7		Baja (1892)	12·4
Nagyvárad (1879)	10·0			

Der höchste Ueberschuss der Geburten hingegen betrug in

Békés (1884)	24·4		Nyiregyháza (1893)	20·6
Békés-Csaba (1888)	23·8		Szatmár-Németi (1880)	20·0
Makó (1884)	22·4		Hódmezö-Vásárhely (1881)	18·6
Félegyháza (1890)	21·5		Jászberény (1883)	17·9
Szabadka (1885)	20·7		Czegléd (1885)	17·4

hiemit lauter Städte der ungarischen Tiefebene, welche — bei verhältnissmässig hoher Mortalität — durch die grosse Geburtenfrequenz einen bedeutenden natürlichen Zuwachs aufweisen können. Von den alten Culturstätten Ungarns erreicht keine einen Geburtenüberschuss von auch nur $10^0/_{00}$ und es kann hierin wieder ein charakteristisches Kennzeichen dieser Städte gesehen werden, welches dieselben von den niederungarischen, ackerbauenden Städten wesentlich unterscheidet. Budapest, das trotz der in den letzten Jahren entschieden steigenden Tendenz, im Durchschnitt noch unter die Städte mit geringem Geburtenüberschuss zählt, vermehrte sich im letzten Jahre auf natürlichem Wege um 10 Seelen pro Tausend, während in den früheren Jahren der Ueberschuss nur zwischen 3 und 5 variirte und nur seit 1885 etwas höher gestiegen ist.

Aus alle dem ist klar, dass die Mehrzahl der ungarischen Städte, und namentlich die der ersten Gruppe fast ausschliesslich durch Einwanderung erstarken und dass es nur die Städte der ungarischen Tiefebene sind, welche durch den Ueberschuss der Geburten zunehmen und erstarken.

Tabelle 1.

Natalitäts-Verhältnisse 35 ungarischer Städte von 1878 bis 1893.

(Auf 1000 Bewohner berechnet.)

Jahr	Ältere Städte											
	Sopron	Györ	Komárom	Székes-Fejérvár	Pécs	Pozsony	Selmecz-bánya	Kassa	Temesvár	Kolozsvár	Maros-Vásárhely	Brassó	Durch-schnitt
1878	32·4	34·7	34·1	41·0	31·5	34·1	37·2	36·1	33·7	30·8	31·0	.	34·2
1879	33·5	36·4	32·5	42·1	30·3	36·2	35·5	41·8	24·1	34·5	29·5	.	34·2
1880	32·0	34·4	31·3	40·2	32·5	34·4	38·5	36·9	34·7	39·7	30·3	.	35·4
1881	32·5	32·9	32·8	36·6	32·9	32·7	36·3	38·3	34·4	37·9	32·7	.	34·6
1882	32·4	34·2	33·3	38·5	33·8	33·6	35·6	38·8	35·6	37·6	33·5	.	35·3
1883	29·6	32·4	37·6	35·7	30·9	33·4	38·5	38·7	38·3	36·7	33·0	33·4	34·6
1884	30·4	35·5	35·4	39·4	33·7	35·4	40·9	38·2	38·6	40·1	32·2	34·0	36·3
1885	27·8	33·3	32·5	34·0	34·8	33·0	40·4	40·5	37·2	38·1	31·7	33·0	35·9
1886	29·1	33·8	35·9	35·8	35·1	35·0	38·1	41·3	38·5	39·0	36·6	29·4	35·5
1887	29·4	34·9	34·0	32·1	31·5	34·5	37·2	37·6	36·1	35·4	31·5	31·6	35·0
1888	29·7	31·4	32·0	39·2	32·3	32.8	36·2	36·9	34·6	36·7	27·1	30·6	33·6
1889	28·3	33·1	33·0	34·7	33·8	34·6	35·2	41·1	35·9	35·5	29·7	29·0	33·4
1890	27·7	31·5	29·8	33·7	29·8	32·7	35·2	39·5	32·8	36·1	30·1	31·1	32·6
1891	33·7	33·4	34·9	34·9	32·6	36·2	35·9	39·7	31·2	38·3	29·9	31·3	34·5
1892	29·5	31·8	33·5	34·1	32·4	34·4	34·2	38·8	26·6	35·1	32·9	28·7	32·4
1893	30·4	33·6	33·3	33·1	33·7	36·1	37·8	38·7	30·5	37·2	28·5	28·0	33·6
Durch-schnitt ..	30·5	33·6	33·9	36·5	32·6	34·3	37·2	38·9	33·8	36·7	31·3	30·8	34·5

Tabelle 1. (Fortsetzung.)

Natalitäts-Verhältnisse 35 ungarischer Städte von 1878 bis 1893.

(Auf 1000 Bewohner berechnet.)

Jahr	Städte des Alföld										
	Miskolcz	Jászberény	Czegléd	Nagy-Kőrös	Kecskemét	Félegyháza	Baja	Szabadka	Zombor	Ujvidék	Szeged	Hódmező-Vásárhely	Makó
1878	.	.	.	.	45·8	.	38·2	47·0	46·3	37·1	42·0	43·3	.
1879	.	.	.	.	45·0	.	39·9	48·7	41·0	39·7	40·1	42·0	.
1880	.	.	.	.	44·8	.	37·4	50·4	42·2	40·6	42·5	41·0	.
1881	37·2	.	.	.	44·0	.	36·7	48·7	39·3	44·1	36·5	39·5	.
1882	38·9	.	.	.	44·3	.	36·8	45·7	36·8	40·3	38·7	38·8	.
1883	40·0	49·6	47·4	36·5	44·9	.	35·5	45·4	37·6	41·2	43·3	40·3	48·5
1884	42·2	46·9	43·7	37·3	46·3	.	36·0	45·9	40·4	40·7	41·9	39·4	48·5
1885	38·1	49·8	46·5	42·0	44·5	54·2	36·7	46·1	36·7	38·3	40·0	39·7	48·0
1886	41·9	43·3	42·2	36·4	47·1	55·1	34·7	43·5	36·2	39·7	40·1	36·5	48·1
1887	40·6	41·2	44·0	36·4	45·0	53·0	34·0	52·0	36·3	41·5	42·7	35·6	46·1
1888	37·5	44·1	40·4	35·5	44·0	53·7	31·2	45·1	35·5	38·6	41·9	34·8	45·2
1889	40·0	44·5	43·2	35·5	42·4	50·6	34·2	46·7	34·5	40·2	37·1	34·4	44·6
1890	34·9	42·6	37·9	27·4	43·6	51·8	33·2	43·8	30·9	37·7	35·9	33·5	42·4
1891	39·3	42·7	43·7	34·0	43·1	46·8	34·1	41·7	33·3	39·1	40·1	31·4	42·4
1892	36·9	41·9	39·4	32·8	40·8	46·1	31·8	41·9	31·0	35·0	36·2	32·2	39·1
1893	39·6	46·7	39·6	34·5	39·9	48·9	34·8	43·8	33·1	39·1	38·6	34·4	43·2
Durchschnitt	39·1	45·4	42·5	35·3	44·1	51·0	35·3	45·7	37·0	39·7	39·1	38·1	45·0

Tabelle 1. (Schluss.)

Natalitäts-Verhältnisse 35 ungarischer Städte von 1878 bis 1893.

(Auf 1000 Bewohner berechnet.)

Jahr	Städte des Alföld									Durch- schnitt	Budapest	Summe aller Städte
	Békés	Békés-Csaba	Nyíregyháza	Szatmár-Németi	Debreczen	Nagyvárad	Arad	Versecz	Pancsova			
1878	.	.	.	35·8	33·8	36·1	37·9	44·2	40·3	41·2	38·6	38·6
1879	.	.	.	39·9	36·8	36·6	42·6	45·2	37·2	41·8	37·4	38·5
1880	.	.	.	32·5	36·6	38·3	38·7	43·5	37·3	41·0	36·5	38·4
1881	.	64·0	.	36·4	32·6	39·0	39·4	42·2	34·9	40·5	34·9	37·4
1882	.	52·4	.	33·1	32·0	36·1	37·2	41·8	35·3	39·9	35·9	37·3
1883	.	51·7	47·5	36·1	32·8	36·3	38·6	40·1	38·1	41·8	35·2	37·5
1884	58·2	.	48·5	36·7	35·6	40·5	42·0	43·1	36·8	42·6	34·9	38·9
1885	44·5	49·7	51·0	34·9	33·5	35·5	39·9	40·4	38·8	41·6	35·8	38·9
1886	46·8	49·9	50·4	35·4	34·8	40·9	41·2	34·0	37·8	41·8	35·2	38·5
1887	43·1	46·9	48·8	37·5	33·6	37·8	37·7	34·9	36·6	41·2	35·6	38·3
1888	41·7	48·9	51·9	35·7	34·1	38·0	35·7	34·8	36·2	40·6	35·1	37·4
1889	42·7	46·9	53·5	39·0	36·4	37·7	37·0	30·0	36·8	40·4	35·8	37·6
1890	44·5	46·2	53·3	35·0	33·5	37·2	34·3	37·3	30·5	38·7	34·2	36·0
1891	41·7	44·1	53·4	38·2	37·2	36·8	34·5	32·4	34·1	39·6	37·0	37·4
1892	39·2	48·0	48·9	33·9	35·1	34·6	32·8	33·0	34·2	38·3	35·7	36·0
1893	39·0	42·9	53·8	41·2	38·1	36·7	36·5	35·5	37·4	40·4	36·8	37·8
Durch- schnitt	44·1	49·2	51·1	36·4	34·8	37·4	37·7	38·3	36·7	40·7	35·7	37·8

Tabelle 2.

Die illegitimen Geburten in 35 ungarischen Städten.
(Auf 100 Geburten berechnet.)

Jahr	Ältere Städte											Durchschnitt
	Sopron	Győr	Komárom	Székes-Fejérvár	Pécs	Pozsony	Selmecz-bánya	Kassa	Temesvár	Kolozsvár	Maros-Vásárhely	Brassó	
1878	11·8	16·3	12·5	9·8	9·4	21·9	10·4	18·7	24·7	23·4	6·4	..	16·5
1879	11·9	19·8	12·8	11·8	12·6	21·0	5·8	19·7	24·2	22·8	10·9	.	17·1
1880	13·1	18·5	14·0	10·0	16·7	22·2	5·3	20·1	22·4	22·6	8·5	.	17·4
1881	15·4	16·4	13·5	10·0	14·8	23·8	3·1	21·1	26·7	19·1	9·2	.	17·6
1882	11·7	17·0	13·4	12·7	12·5	25·6	8·8	20·1	24·5	21·7	10·1	.	18·0
1883	11·2	18·8	11·6	11·5	15·0	23·8	8·9	21·4	25·1	20·5	12·5	7·0	17·2
1884	11·9	15·3	13·9	11·2	15·8	26·0	7·4	20·1	25·9	22·0	12·0	6·7	17·2
1885	9·4	17·0	14·3	10·5	14·8	21·1	8·0	19·1	27·3	22·3	12·9	5·3	17·0
1886	11·6	14·7	12·6	8·9	17·2	24·6	8·3	19·4	28·1	17·6	14·3	8·2	17·3
1887	9·4	14·7	12·4	12·1	14·6	26·0	8·3	18·2	27·6	18·5	18·2	5·8	17·2
1888	12·1	20·2	9·6	9·9	16·4	23·4	7·8	19·6	27·1	18·8	14·4	5·1	17·0
1889	10·1	13·2	11·3	7·9	15·2	25·6	6·3	21·7	24·4	23·0	16·3	5·0	17·5
1890	9·0	16·5	13·2	10·6	17·7	24·1	9·5	19·7	24·6	20·6	13·6	6·1	17·0
1891	11·3	17·0	12·3	7·9	16·0	24·4	6·7	20·6	21·4	22·1	14·6	5·6	16·4
1892	10·5	14·9	.	9·6	17·5	21·7	.	21·8	23·5	19·2	.	5·7	17·0
1893	9·1	14·5	.	8·8	14·7	23·4	.	19·4	21·8	18·3	.	5·1	16·2
Durchschnitt ..	11·2	16·5	12·7	10·2	15·1	24·1	7·6	20·0	25·1	20·7	12·6	6·0	17·1

Tabelle 2. (Fortsetzung.)

Die illegitimen Geburten in 35 ungarischen Städten.
(Auf 100 Geburten berechnet.)

Jahr	Städte des Alföld											
	Miskolcz	Jászberény	Czeglél	Nagy-Kőrös	Kecskemét	Félegyháza	Baja	Szabadka	Zombor	Ujvidék	Szeged	Hódmező-Vásárhely	Makó
1878					8·4		8·8	4·0	9·5	10·6	5·8	8·1	
1879					9·0		12·5	8·3	9·4	10·2	2·7	8·5	
1880					9·0		10·6	3·2	9·4	8·2	5·2	7·8	
1881	19·5				10·5		9·7	3·8	8·0	12·4	2·8	7·0	
1882	20·1				9·2		12·5	4·1	8·9	12·7	6·6	8·7	
1883	23·1	4·1	6·4	12·4	9·5		13·2	3·5	8·6	12·1	6·2	7·0	6·4
1884	22·4	3·6	5·5	11·4	8·6		13·6	4·3	8·3	12·4	6·3	7·5	5·7
1885	21·0	2·9	6·5	12·6	8·2	4·3	12·4	4·5	8·9	9·5	8·0	7·7	5·9
1886	23·0	2·9	5·2	9·4	7·6	4·6	12·1	5·3	8·1	11·2	8·6	6·9	6·6
1887	20·9	3·6	5·3	11·8	7·6	4·4	12·6	4·9	8·5	9·8	8·1	6·2	5·0
1888	21·2	3·0	4·6	10·8	8·2	3·9	11·3	5·3	8·2	9·1	7·5	5·9	5·7
1889	20·1	2·9	4·6	8·8	7·4	2·2	12·8	4·9	7·8	9·5	9·0	5·8	4·7
1890	19·8	3·5	4·5	7·7	8·0	2·7	14·0	5·4	7·8	8·4	8·8	5·4	5·2
1891	19·6	2·3	5·5	11·9	7·4	2·6	12·4	6·9	9·5	9·3	8·8	5·9	6·5
1892	21·8	3·8	6·0	10·2	8·7	2·9	8·7	6·4	7·4		8·6		5·6
1893	19·4	3·2	1·9	10·5	8·4	3·1	10·3	6·7	7·0		8·2		6·9
Durch-schnitt	20·9	3·3	5·1	10·8	8·5	3·4	11·7	4·8	8·5	10·3	7·3	7·1	5·9

Tabelle 2. (Schluss.)
Die illegitimen Geburten in 35 ungarischen Städten.
(Auf 100 Geburten berechnet.)

Jahr	Städte des Alföld									Durch-schnitt	Budapest	Durchschnitt aller Städte
	Békés	Békés-Csaba	Nyíregyháza	Szatmár-Németi	Debreczen	Nagyvárad	Arad	Versecz	Pancsova			
1878	.	.	.	13·7	10·1	23·9	20·7	9·5	9·0	9·0	31·9	17·9
1879	.	.	.	13·4	12·9	22·2	20·5	8·2	9·2	9·5	32·8	18·4
1880	.	.	.	12·6	18·3	22·6	19·0	8·6	11·3	9·2	33·0	18·0
1881	.	2·5	.	15·6	18·4	26·1	19·6	8·9	11·5	10·1	32·2	18·3
1882	.	2·6	.	12·3	18·9	22·9	19·9	8·1	12·1	10·7	32·0	18·9
1883	.	2·2	12·6	15·4	16·2	23·5	17·7	7·1	12·8	9·8	31·7	17·2
1884	5·6	.	11·3	17·0	17·5	26·4	19·8	9·3	12·8	10·5	30·9	17·4
1885	6·1	2·4	10·9	15·0	17·6	27·2	15·5	8·1	11·9	9·0	30·5	16·0
1886	6·3	2·9	11·3	14·2	15·6	26·4	17·2	10·1	10·8	8·5	29·8	15·9
1887	4·7	2·4	11·3	14·2	16·3	21·2	16·5	9·7	11·8	9·3	28·4	16·0
1888	5·7	1·6	11·4	13·8	17·9	25·1	15·3	10·5	11·9	9·3	29·0	16·3
1889	6·1	3·5	11·3	13·0	14·9	25·2	15·9	10·2	13·1	9·3	27·6	16·1
1890	6·3	3·4	10·0	12·9	15·5	25·5	18·0	9·8	11·7	9·3	28·9	16·4
1891	4·7	3·8	10·2	13·3	16·0	23·8	18·1	7·5	11·6	9·7	28·3	16·6
1892	5·7	2·1	9·7	13·4	15·4	24·4	16·1	7·3	.	9·0	28·1	17·1
1893	6·2	2·7	11·9	14·2	15·9	25·2	15·0	7·5	.	9·7	28·6	17·0
Durchschnitt	5·7	2·7	11·1	14·1	15·8	24·7	17·8	8·7	11·5	9·5	30·0	17·2

Tabelle 3.

Illegitime Geburten, Sexualproportion der Lebendgeborenen und Todtgeburten in 35 ungarischen Städten.

Ältere Städte

Jahr	Sopron	Győr	Komárom	Székes-Fejérvár	Pécs	Pozsony	Selmeczbánya	Kassa	Temesvár	Kolozsvár	Maros-Vásárhely	Brassó
a) Illegitime Geburten (in Procenten aller Geburten).												
1878-1880	12·3	18·2	13·5	10·6	13·5	21·7	7·5	19·5	23·7	23·0	8·6	.
1881-1885	12·3	16·9	13·3	11·2	14·6	24·7	7·3	20·4	25·9	21·1	11·5	6·3
1886-1890	10·4	15·8	11·8	9·6	16·2	25·6	8·1	19·8	26·4	19·7	15·1	6·0
1891-1893	10·3	15·5	12·3	8·8	16·0	23·0	6·7	20·6	22·2	19·9	14·6	5·5
Durchschnitt	11·2	16·5	12·7	10·2	15·1	24·1	7·6	20·0	25·1	20·7	12·6	6·0
b) Sexualproportion der Lebendgeborenen (auf 1000 Mädchen kommen Knaben).												
1878-1880	1058	1106	1049	1084	1138	1034	989	1094	1060	1042	993	.
1381-1885	1026	1044	1038	1074	1050	1041	1089	1059	1035	992	990	1082
1886-1890	1011	1067	1053	1048	1089	1056	1068	991	1030	1074	1304	1115
1891-1893	1099	1108	1177	1104	1039	1052	980	1029	1054	1099	1019	1008
Durchschnitt	1042	1075	1056	1073	1074	1051	1033	1036	1051	1047	1004	1079
c) Todtgeburten (auf 1000 Bewohner).												
1878-1880	1·2	0·1	1·9	0·7	0·3	0·7	1·0	2·2	0·5	1·9	0·8	.
1881-1885	0·8	0·6	2·1	1·6	2·6	1·1	0·9	0·9	1·7	0·5	1·0	1·6
1886-1890	0·7	1·9	1·8	1·3	2·6	1·1	1·6	1·6	1·5	2·1	0·6	1·6
1891-1893	1·3	0·9	2·0	1·5	1·6	1·6	1·4	0·7	1·2	2·2	0·2	1·3
Durchschnitt	0·9	1·0	2·0	1·3	2·3	1·2	1·2	1·3	1·3	1·6	0·7	1·5
d) Todtgeburten (auf 1000 Lebendgeburten).												
1878-1880	37·7	3·6	57·9	17·1	10·6	20·6	27·1	56·3	18·3	55·1	24·2	.
1881-1885	25·0	17·7	61·8	42·9	77·9	34·1	24·7	23·6	46·8	12·8	29·3	46·6
1886-1890	22·7	57·9	53·8	36·7	81·0	33·6	43·0	40·1	42·4	58·8	20·0	53·5
1891-1893	40·3	26·7	59·3	44·8	84·1	45·0	38·2	18·0	40·0	59·0	9·4	43·6
Durchschnitt	29·9	29·3	58·0	36·2	69·3	33·7	32·6	34·0	39·6	43·7	23·3	48·9

Tabelle 3. (Fortsetzung.)

Illegitime Geburten, Sexualproportion der Lebendgeborenen und Todtgeburten in 35 ungarischen Städten.

Jahr	Städte des Alföld											
	Miskolcz	Jászberény	Czegléd	Nagy-Körös	Kecskemét	Félegyháza	Baja	Szabadka	Zombor	Ujvidék	Szeged	Hódmező-Vásárhely	Makó

a) **Illegitime Geburten** (in Procenten aller Geburten).

Jahr	Miskolcz	Jászberény	Czegléd	Nagy-Körös	Kecskemét	Félegyháza	Baja	Szabadka	Zombor	Ujvidék	Szeged	Hódmező-Vásárhely	Makó
1878—1880	.	.	.	.	8·9	.	10·7	3·5	9·5	9·6	4·6	8·1	.
1881—1885	21·2	3·3	6·2	12·2	9·2	.	12·3	4·1	8·5	11·9	6·1	7·5	6·0
1886—1890	21·0	3·2	4·9	9·8	7·8	3·6	12·6	5·2	8·1	9·5	8·4	6·1	5·5
1891—1893	20·3	3·3	4·5	10·9	8·2	2·8	10·5	6·7	8·0	9·3	8·1	5·9	6·3
Durchschnitt	20·9	3·3	5·1	10·8	8·5	3·4	11·7	4·8	8·5	10·3	7·3	7·1	5·9

b) **Sexualproportion der Lebendgeborenen** (auf 1000 Mädchen kommen Knaben).

Jahr	Miskolcz	Jászberény	Czegléd	Nagy-Körös	Kecskemét	Félegyháza	Baja	Szabadka	Zombor	Ujvidék	Szeged	Hódmező-Vásárhely	Makó
1878—1880	.	.	.	.	1020	.	1090	1043	962	1018	1102	1029	.
1881—1885	1056	1129	1029	1050	1053	.	1091	1038	1042	1136	1076	1031	989
1886—1890	1020	1161	1060	1051	1048	1082	1055	1038	1042	1057	1062	1011	1031
1891—1893	990	1033	990	1030	1044	1112	1056	1042	1052	946	1099	1037	1046
Durchschnitt	1025	1116	1031	1058	1044	1095	1074	1038	1027	1053	1074	1044	1023

c) **Todtgeburten** (auf 1000 Bewohner).

Jahr	Miskolcz	Jászberény	Czegléd	Nagy-Körös	Kecskemét	Félegyháza	Baja	Szabadka	Zombor	Ujvidék	Szeged	Hódmező-Vásárhely	Makó
1878—1880	.	.	.	.	1·9	.	0·2	0·1	0·8	1·5	0·9	2·5	.
1881—1885	1·0	1·3	2·3	2·6	2·0	.	1·4	0·3	1·1	1·1	1·1	2·2	1·8
1886—1890	2·0	1·1	2·3	1·9	1·9	0·0	1·9	0·5	1·9	2·2	1·2	2·3	1·8
1891—1893	2·2	1·3	1·7	2·2	1·3	0·3	1·8	0·9	1·8	2·0	1·2	2·4	1·5
Durchschnitt	1·7	1·2	2·2	2·2	1·9	0·2	1·5	0·4	1·5	1·8	1·2	2·3	1·7

d) **Todtgeburten** (auf 1000 Lebendgeburten).

Jahr	Miskolcz	Jászberény	Czegléd	Nagy-Körös	Kecskemét	Félegyháza	Baja	Szabadka	Zombor	Ujvidék	Szeged	Hódmező-Vásárhely	Makó
1878—1880	.	.	.	.	42·3	.	4·1	2·9	17·5	39·7	21·0	59·6	.
1881—1885	24·9	26·4	50·4	67·2	45·2	4·8	39·4	6·1	33·0	35·9	29·1	55·8	35·9
1886—1890	51·8	25·3	55·5	55·1	41·7	0·1	55·8	10·1	54·4	55·8	31·3	65·4	39·3
1891—1893	55·8	29·1	42·6	63·8	32·2	7·1	53·3	21·5	56·6	52·3	32·4	69·3	35·3
Durchschnitt	43·3	26·7	50·5	60·9	42·1	2·9	39·6	9·8	41·1	45·3	23·9	60·8	37·3

Tabelle 3. (Schluss.)

Illegitime Geburten, Sexualproportion der Lebendgeborenen und Todtgeburten in 35 ungarischen Städten.

Jahr	Städte des Alföld								Budapest
	Békés	Békés-Csaba	Nyiregyháza	Szatmár-Németi	Debreczen	Nagyvárad	Arad	Versecz	Pancsova	Budapest

a) **Illegitime Geburten** (in Procenten aller Geburten).

1878-1880	.	.	.	13·3	12·2	22·9	20·0	8·7	9·8	**32·6**
1881-1885	5·8	2·4	11·6	15·4	17·7	25·3	18·5	8·3	12·2	**31·4**
1886-1890	5·8	2·8	11·0	13·6	16·0	25·3	16·6	10·0	11·9	**28·7**
1891-1893	5·5	2·9	10·6	13·7	15·6	24·5	16·4	7·4	11·6	**28·3**
Durchschnitt	5·7	2·7	11·1	14·1	15·8	24·7	17·8	8·7	11·5	**30·0**

b) **Sexualproportion der Lebendgeborenen** (auf 1000 Mädchen kommen Knaben).

1878-1880	.	.	.	1097	1094	1011	966	1067	1006	**1028**
1881-1885	1046	1046	1012	1081	1054	1035	1052	1051	1032	**1051**
1886-1890	1086	1073	1056	1100	1055	989	1049	1077	1004	**1038**
1891-1893	1078	1070	1057	1095	1064	1080	1028	1043	1123	**1042**
Durchschnitt	1075	1062	1045	1093	1064	1024	1031	1061	1022	**1041**

c) **Todtgeburten** (auf 10 0 Bewohner).

1878-1880	.	.	.	1·1	2·5	1·4	2·4	1·5	1·1	**1·8**
1881-1885	2·7	1·6	0·9	1·5	2·4	1·9	1·7	1·4	1·5	**1·9**
1886-1890	2·5	1·5	0·8	2·0	2·5	1·4	1·8	1·3	1·5	**1·8**
1891-1893	2·1	1·3	0·7	2·2	2·6	1·6	1·6	0·3	1·7	**1·7**
Durchschnitt	2·4	1·5	0·8	1·8	2·4	1·6	1·8	1·2	1·4	**1·8**

d) **Todtgeburten** (auf 1000 Lebendgeburten).

1878-1880	.	.	.	39·9	69·1	37·6	61·0	33·0	29·1	**47·1**
1881-1885	52·4	28·7	18·3	41·3	70·4	51·5	42·7	32·9	38·8	**52·8**
1886-1890	57·5	30·7	14·7	53·5	70·9	37·8	48·4	36·8	41·6	**50·6**
1891-1893	51·5	28·7	13·9	58·9	70·3	44·7	45·3	8·2	50·6	**48·4**
Durchschnitt	54·7	29·5	15·4	48·5	70·3	43·3	48·3	30·1	33·5	**50·2**

Tabelle I.

Fruchtbarkeit der Bevölkerung von 25 ungarischen Städten.

	Auf Tausend			Auf 1000 Bewohner			Unter 1000 Frauen im Alter von 15—50 Jahren sind unverehelicht
	verehelichte Frauen im Alter von 15—50 Jahren	unverehelichte Frauen	Frauen im allgemeinen	legitime	illegitime	Geburten im allgemeinen	
	legitime Geburten	illegitime Geburten		Geburten			

a) Ältere Städte.

Sopron	214·4	23·8	112·7	27·1	3·4	30·5	51·4
Győr	213·9	35·1	116·0	28·1	5·5	33·6	53·7
Komárom	210·7	29·5	140·7	29·6	4·3	33·9	49·8
Székes-Fejérvár	228·9	30·8	136·4	32·8	3·7	36·5	46·0
Pécs	172·3	42·0	116·8	27·7	4·9	32·6	41·4
Pozsony	203·2	48·5	114·6	26·0	8·3	34·3	56·9
Selmeczbánya	243·1	23·0	140·7	34·4	2·6	37·2	46·6
Kassa	211·1	48·8	127·4	31·1	7·8	38·9	51·7
Temesvár	168·2	55·4	111·2	25·3	8·5	33·8	49·6
Kolozsvár	187·9	54·0	123·8	29·1	7·6	36·7	48·1
Maros-Vásárhely	187·9	28·1	109·3	27·4	3·9	31·3	47·8

b) Städte des Alföld.

Kecskemét	261·1	40·8	178·7	40·3	3·8	44·1	37·0
Baja	189·9	38·7	130·1	31·2	4·1	35·3	38·7
Szabadka	244·8	33·6	187·6	43·6	2·2	45·7	27·0
Zombor	198·3	36·1	143·2	33·9	3·1	37·0	32·4
Ujvidék	222·0	37·8	147·1	35·6	4·1	39·7	38·4
Szeged	219·8	34·4	158·8	36·3	2·8	39·1	31·6
Hódmező-Vásárhely	190·4	47·5	156·8	35·4	2·7	38·1	26·6
Szatmár-Németi	206·3	41·7	131·7	31·3	5·1	36·4	43·5
Debreczen	182·3	50·0	128·3	29·3	5·5	34·8	40·8
Nagyvárad	184·7	66·0	127·5	28·1	9·3	37·4	45·9
Arad	201·0	52·9	134·0	31·0	6·7	37·7	44·5
Versecz	201·1	39·1	146·3	34·9	3·4	38·3	33·8
Pozsony	196·3	40·0	137·6	32·5	4·2	36·7	35·4

c) Budapest

c) Budapest	179·4	66·8	117·9	25·0	10·7	35·7	53·2

Tabelle 5.

Mortalitäts-Verhältnisse 35 ungarischer Städte von 1878 bis 1893.

(Auf 1000 Bewohner berechnet.)

Jahr	Ältere Städte											Durch- schnitt
	Sopron	Győr	Komárom	Székes- Fejérvár	Pécs	Pozsony	Selmecz- bánya	Kassa	Temesvár	Kolozsvár	Maros- Vásárhely	Brassó	
1878	27·2	35·7	30·6	36·4	35·2	39·1	40·7	34·8	42·5	40·7	32·6	.	36·0
1879	28·5	36·5	37·9	34·5	32·9	38·7	30·6	36·2	27·2	34·5	32·5	.	33·8
1880	27·2	36·4	35·8	28·6	37·0	41·1	36·8	37·1	39·0	36·9	28·5	.	35·8
1881	29·4	30·1	32·8	35·2	30·7	40·4	32·0	40·8	35·2	37·2	30·1	.	35·0
1882	29·9	32·9	40·4	32·1	28·2	38·1	36·6	35·6	33·1	48·4	41·1	24·1	36·5
1883	24·1	40·5	33·4	30·4	29·4	38·8	89·0	39·4	36·2	29·9	29·5	26·1	33·3
1884	23·3	31·0	28·7	30·6	29·7	38·6	42·5	33·8	32·3	29·5	25·1	25·1	31·9
1885	22·9	32·5	34·5	30·9	28·3	35·0	34·0	36·4	39·0	34·0	29·5	24·9	33·2
1886	26·1	38·6	43·9	29·4	28·6	35·3	31·8	41·9	35·8	28·1	28·9	27·5	32·6
1887	24·5	33·4	29·7	30·0	30·5	36·5	36·5	34·7	38·2	33·8	33·3	26·2	38·1
1888	24·5	32·2	28·8	24·1	31·4	36·9	31·0	37·1	38·6	29·0	28·3	25·1	31·4
1889	22·1	27·2	25·0	21·7	24·9	31·4	29·5	34·3	32·0	34·8	25·9	22·4	28·2
1890	25·2	35·1	33·3	26·9	29·0	33·9	33·4	39·6	32·0	34·0	28·6	26·6	31·6
1891	27·7	28·6	40·2	29·3	35·5	36·5	28·9	36·0	31·8	31·3	30·9	22·3	31·7
1892	25·3	28·8	30·0	32·1	35·8	32·8	34·9	29·4	37·0	28·4	28·3	24·8	31·0
1893	24·1	29·6	30·2	26·8	33·6	36·5	34·2	31·1	32·9	32·2	23·9	24·2	30·8
Durch- schnit	25·7	33·0	33·9	29·9	31·3	36·8	34·5	36·4	35·1	33·8	30·7	25·0	32·8

Tabelle 5. (Fortsetzung.)

Mortalitäts-Verhältnisse 35 ungarischer Städte von 1878 bis 1893.

(Auf 1000 Bewohner berechnet.)

Jahr	Städte des Alföld										
	Miskolcz	Jászberény	Czegléd	Nagy-Kőrös	Kecskemét	Félegyháza	Baja	Szabadka	Zombor	Ujvidék	Szeged	Hódmező-Vásárhely	Makó
1878					38·3		32·3	40·7	32·8	30·9	32·1	38·0	
1879					41·8		33·0	38·6	33·8	37·0	39·7	29·9	
1880					38·6		35·2	43·0	35·0	37·2	37·7	29·3	
1881	35·3				31·1		26·8	28·1	26·6	30·2	23·7	20·9	
1882	29·5				33·7		29·3	44·3	33·5	34·2	27·3	34·6	
1883	28·5	31·7	35·2	27·9	39·4		32·6	29·5	31·3	36·5	28·9	25·4	33·1
1884	32·8	34·1	34·1	24·8	34·5		29·5	29·9	28·2	27·2	27·3	26·9	26·1
1885	41·5	36·5	29·1	27·9	31·0	37·5	24·9	25·7	32·1	31·7	32·1	21·8	26·2
1886	33·0	38·2	34·3	29·2	37·3	39·2	27·9	39·5	27·2	29·1	36·3	23·7	28·4
1887	29·9	38·2	34·3	27·5	33·2	40·2	34·0	33·5	33·7	33·2	29·1	27·9	32·2
1888	29·5	34·4	31·2	32·4	42·1	35·1	25·5	31·8	29·2	28·3	24·9	29·7	31·3
1889	30·0	27·7	27·8	25·9	26·8	31·1	27·9	28·6	24·7	30·7	22·7	24·2	29·2
1890	27·7	33·0	31·0	30·0	30·3	30·3	35·9	33·2	32·4	30·5	24·3	33·3	34·7
1891	36·1	34·8	31·1	31·0	31·4	36·2	32·6	33·2	37·8	33·6	26·9	85·7	30·2
1892	37·3	51·6	39·6	27·7	33·6	43·6	44·2	42·5	37·0	41·6	30·5	33·1	38·2
1893	27·6	34·7	31·5	27·1	32·7	39·3	28·9	32·9	27·5	31·0	28·7	26·4	31·0
Durchschnitt	32·2	36·5	32·7	28·3	34·6	37·0	31·6	34·7	31·4	32·1	29·6	28·6	31·0

Tabelle 5. (Schluss.)

Mortalitäts-Verhältnisse 35 ungarischer Städte von 1878 bis 1893.

(Auf 1000 Bewohner berechnet.)

Jahr	Städte des Alföld									Durch- schnitt	Budapest	Durchschnitt aller Städte
	Békés	Békés-Csaba	Nyiregyháza	Szatmár-Németi	Debreczen	Nagyvárad	Arad	Versecz	Pancsova			
1878	..	..	..	..	37·1	35·4	42·9	38·2	45·6	40·3	37·5	38·6	37·5
1879	..	..	..	..	38·7	47·1	46·5	37·6	39·1	36·3	39·1	34·7	36·4
1880	..	..	..	..	52·6	32·0	44·1	38·7	44·6	36·6	38·1	33·6	36·1
1881	..	..	..	43·1	.	39·4	32·0	43·6	38·4	36·4	32·6	32·2	34·5	33·6
1882	..	..	..	40·0	.	35·3	29·5	37·4	39·6	43·0	31·8	35·4	32·9	34·4
1883	..	..	27·9	36·6	29·7	33·2	37·4	34·1	32·7	34·2	31·6	30·5	31·8
1884	..	..	33·8	.	32·5	27·6	29·6	36·6	33·9	32·0	29·3	30·3	30·6	30·7
1885	..	..	37·0	31·0	35·6	30·8	30·7	40·8	40·4	29·7	32·5	31·1	29·4	31·1
1886	..	..	35·5	31·6	37·6	26·5	35·3	35·2	35·2	35·1	34·6	33·6	37·7	34·7
1887	..	..	33·8	48·9	43·0	35·4	29·6	37·1	30·6	32·4	34·1	33·1	30·3	32·3
1888	..	..	33·7	38·6	33·0	30·9	31·5	34·8	32·3	29·5	33·4	31·9	29·8	31·1
1889	..	..	33·7	33·8	37·3	31·9	27·8	35·4	30·0	34·7	32·6	28·9	27·6	28·4
1890	..	..	30·5	31·4	36·0	29·6	28·7	35·1	32·5	33·7	31·4	31·1	29·2	30·0
1841	..	..	44·9	40·6	37·7	32·0	31·8	34·9	34·6	31·9	31·1	33·6	27·9	31·4
1892	..	..	38·2	38·7	43·2	29·0	27·1	35·1	35·6	38·2	33·8	36·4	28·0	32·4
1893	..	..	36·6	41·2	33·2	33·5	29·5	32·3	31·5	32·5	40·4	31·9	26·6	29·9
Durch- schnitt	..	35·8	37·6	35·9	33·7	31·8	37·7	35·1	36·0	33·6	33·1	31·0	32·7

Tabelle 6.

Alter der Verstorbenen in 29 ungarischen Städten.
(Percentualtabelle.)

	0—1	1—5	5—20	0—20	20—30	30—40	40—60	60—80	über 80
Sopron.									
1882—1885	27·6	12·0	7·6	47·2	6·5	6·0	14·7	20·8	4·8
1886—1890	23·2	16·8	9·7	49·7	7·2	6·0	14·2	18·9	4·0
1891—1893	27·6	15·2	8·3	51·1	5·6	7·6	13·4	17·0	5·3
Durchschnitt	25·6	15·1	8·3	49·5	6·6	6·4	14·1	18·8	4·6
Győr.									
1882—1885	32·8	15·4	5·8	54·0	6·3	7·0	13·0	17·4	2·3
1886—1890	27·6	12·8	8·2	48·6	7·7	7·6	16·2	16·7	3·2
1891—1893	27·7	14·9	8·2	50·8	6·0	6·5	15·3	18·1	3·3
Durchschnitt	28·2	13·7	7·9	49·8	7·0	7·2	15·6	17·3	3·1
Székes-Fejérvár.									
1882—1885	35·0	15·0	8·6	58·6	5·5	5·0	11·1	15·4	3·6
1886—1890	33·0	14·4	8·6	56·0	5·0	6·0	13·6	16·4	2·9
1891—1893	30·8	18·7	9·5	59·0	4·7	3·7	11·7	17·4	3·5
Durchschnitt	33·1	15·7	8·8	57·6	5·1	5·0	12·3	16·3	3·3
Pécs.									
1882—1885	26·4	10·1	9·1	45·6	7·5	8·9	18·4	16·8	2·8
1886—1890	25·6	8·7	6·6	40·9	8·5	8·5	19·0	20·2	2·9
1891—1893	22·1	15·3	13·2	51·1	5·7	6·7	15·8	18·1	2·4
Durchschnitt	24·7	11·3	9·3	45·3	7·3	8·0	17·8	18·6	2·7
Pozsony.									
1882—1885	29·6	12·6	6·6	48·8	7·2	7·3	16·2	17·3	3·2
1886—1890	28·6	12·3	6·6	47·5	6·6	7·2	15·7	19·6	3·3
1891—1893	30·4	13·0	5·9	49·3	6·0	6·1	15·1	19·5	3·8
Durchschnitt	29·4	12·6	6·4	48·4	6·7	7·0	15·7	18·7	3·4
Kassa.									
1882—1885	31·2	13·0	7·2	51·4	9·2	7·8	16·4	12·9	2·0
1886—1890	30·7	15·5	8·1	54·3	9·8	7·1	14·4	12·3	2·0
1891—1893	35·3	15·9	8·3	59·5	6·3	5·4	12·9	13·4	2·5
Durchschnitt	31·9	14·8	7·8	54·5	8·7	7·0	14·7	12·8	2·1

Tabelle 6. (Fortsetzung.)

Alter der Verstorbenen in 29 ungarischen Städten.
(Percentualtabelle.)

	0—1	1 - 5	5—20	0—20	20—30	30—40	40—60	60—80	über 80
Temesvár.									
1882—1885	28·7	12·9	9·1	50·7	9·0	8·7	17·4	12·4	1·6
1886—1890	28·1	12·0	8·7	48·8	9·2	8·6	17·7	12·6	2·4
1891—1893	25·9	14·7	10·4	51·0	8·0	7·5	16·3	14·5	2·7
Durchschnitt	27·7	13·0	9·3	50·0	8·8	8·3	17·2	13·0	2·2
Kolozsvár.									
1882—1885	35·1	9·4	8·4	52·9	9·3	7·1	16·2	10·9	3·3
1886—1890	28·9	14·7	9·8	53·4	9·2	7·1	13·9	13·4	2·9
1891—1893	28·6	11·6	7·8	47·9	8·6	7·8	15·4	17·1	3·1
Durchschnitt	29·6	13·0	9·0	51·5	9·0	7·3	14·7	14·3	3·0
Brassó.									
1882—1885	25·8	16·1	8·9	51·1	5·6	7·1	15·4	17·0	3·8
1886—1890	24·4	18·8	10·4	53·6	4·5	6·8	14·1	16·8	4·2
1891—1893	22·2	14·4	11·6	48·2	6·0	6·4	16·1	18·3	5·0
Durchschnitt	24·3	16·9	10·2	51·4	5·3	6·8	15·0	17·2	4·2
Miskolcz.									
1882—1885	31·9	14·9	13·3	60·1	7·0	6·8	10·0	13·4	1·7
1886—1890	36·9	12·2	9·2	58·3	5·4	6·2	11·8	14·4	3·9
1891—1893	37·6	19·0	9·2	65·8	3·7	3·7	9·3	12·3	5·2
Durchschnitt	30·5	15·0	10·5	61·0	5·4	5·6	10·5	13·4	3·6
Jászberény.									
1882—1885	34·4	20·4	10.5	65·3	5·6	5·1	10·5	11·9	1·6
1886—1890	37·5	20·7	9·1	67·3	5·5	4·7	9·3	11·8	1·4
1891—1893	30·5	25·6	15·2	72·3	3·4	3·1	7·3	10·3	3·6
Durchschnitt	34·8	22·2	11·3	68·3	4·9	4·3	9·0	11·4	2·1
Czegléd.									
1882—1885	39·5	15·9	10·0	65·4	5·7	4·1	8·7	13·3	2·8
1886—1890	38·1	15·6	9·1	62·8	5·1	4·2	9·5	15·1	3·3
1891—1893	35·9	19·5	10·8	66·2	4·6	3·4	8·5	15·2	1·8
Durchschnitt	37·8	16·9	9·8	64·5	5·1	3·9	9·0	14·6	2·7

Tabelle 6. (Fortsetzung.)

Alter der Verstorbenen in 29 ungarischen Städten.
(Percentualtabelle.)

	0—1	1—5	5—20	0—20	20—30	30—40	40—60	60—80	über 80
	Nagy-Kőrös.								
1882—1885	40·0	12·2	7·8	60·0	6·0	3·9	9·3	16·5	4·3
1886—1890	35·1	12·9	10·1	58·1	6·2	5·2	10·1	15·3	4·8
1891—1893	35·7	16·2	10·4	62·3	4·1	3·7	8·2	15·7	4·7
Durchschnitt	36·5	13·6	9·6	59·7	5·5	4·5	9·5	15·7	4·7
	Kecskemét.								
1882—1885	34·7	17·3	9·0	61·0	6·1	4·8	11·4	13·7	3·0
1886—1890	30·8	20·1	10·3	61·2	5·2	4·3	9·3	15·9	3·4
1891—1893	31·6	19·4	11·0	62·0	4·7	3·9	9·6	15·3	4·5
Durchschnitt	31·4	19·6	10·5	61·5	5·1	4·3	9·8	15·5	3·8
	Félegyháza.								
1882—1885	40·9	18·0	7·9	66·8	5·9	3·8	9·7	11·5	2·3
1886—1890	36·1	21·0	9·1	66·5	5·8	4·0	9·5	12·1	2·1
1891—1893	35·5	24·2	13·5	73·2	3·7	3·5	7·2	10·0	2·4
Durchschnitt	36·5	21·9	10·6	69·0	5·0	3·8	8·6	11·3	2·3
	Baja.								
1882—1885	30·1	16·5	9·7	56·3	5·9	5·8	12·8	19·0	0·2
1886—1890	23·7	15·2	10·7	54·6	5·9	5·7	12·6	18·0	3·2
1891—1893	26·8	19·5	14·3	60·6	3·9	4·6	11·1	15·6	4·2
Durchschnitt	28·5	16·8	11·5	56·8	5·3	5·4	12·2	17·5	2·8
	Szabadka.								
1882—1885	33·8	24·1	10·5	68·4	5·2	5·0	9·0	10·9	1·5
1886—1890	32·3	22·8	10·5	65·6	5·6	5·0	9·5	11·1	2·9
1891—1893	29·4	22·6	14·4	66·3	4·5	4·3	8·6	10·7	3·0
Durchschnitt	31·9	23·1	11·7	66·7	5·1	4·8	9·1	10·9	2·5
	Zombor.								
1882—1885	32·1	16·7	11·7	60·5	7·1	6·8	10·3	12·0	3·3
1886—1890	32·8	15·5	10·8	59·1	6·5	6·4	11·0	14·5	2·5
1891—1893	22·5	20·9	19·8	63·2	4·6	3·7	10·8	13·6	4·1
Durchschnitt	29·5	17·4	13·7	60·6	6·1	5·7	10·7	13·6	3·2

Tabelle 6. (Fortsetzung.)

Alter der Verstorbenen in 29 ungarischen Städten.
(Percentualtabelle.)

	0—1	1—5	5—20	0—20	20—30	30—40	40—60	60—80	über 80
Szeged.									
1882—1885	33·6	17·8	8·5	59·9	7·6	7·0	11·2	11·8	2·5
1886—1890	31·9	19·3	10·6	61·8	6·9	6·6	10·5	11·2	3·0
1891—1893	32·7	19·7	10·7	63·1	6·0	5·4	9·8	12·8	2·7
Durchschnitt	32·6	19·0	10·1	61·7	6·8	6·4	10·5	11·8	2·6
Makó.									
1882—1885	34·0	18·8	9·3	62·1	6·5	5·4	9·4	13·6	3·0
1886—1890	32·1	18·9	11·8	62·8	6·4	5·1	9·0	13·9	2·8
1891—1893	27·0	22·3	17·9	67·3	4·3	3·9	8·5	12·8	3·3
Durchschnitt	31·0	19·9	13·0	63·9	5·8	4·8	8·9	13·5	2·9
Békés.									
1882—1885	23·6	26·7	13·5	68·8	3·4	3·9	8·6	14·0	1·3
1886—1890	29·8	25·8	10·7	66·3	4·3	4·6	9·9	13·0	1·9
1891—1893	24·7	30·8	13·5	69·0	4·3	3·5	9·2	12·1	1·9
Durchschnitt	27·8	27·7	12·2	67·7	4·2	4·1	9·4	12·8	1·8
Békés-Csaba.									
1882—1885	30·5	23·0	8·0	66·5	4·6	4·1	10·5	12·4	1·7
1886—1890	28·8	29·7	10·8	69·3	4·9	4·1	9·2	10·7	1·8
1891—1893	27·7	30·8	11·4	69·9	4·4	3·5	8·4	12·1	1·7
Durchschnitt	28·9	29·5	10·1	68·5	4·6	3·9	9·4	11·6	1·8
Nyiregyháza.									
1882—1885	32·3	16·4	10·5	59·2	5·3	5·9	18·4	9·9	0·8
1886—1890	33·7	21·4	11·1	66·2	6·1	4·7	12·4	9·3	1·3
1891—1893	32·7	25·6	9·7	68·0	4·7	4·1	10·0	11·7	1·5
Durchschnitt	33·0	21·4	10·6	65·0	5·6	4·8	13·2	10·2	1·2
Szatmár-Németi.									
1886—1890	34·8	12·2	9·1	56·1	6·8	6·9	15·3	12·9	2·0
1891—1893	29·5	14·8	9·7	54·0	7·9	7·6	12·5	14·9	3·1
Durchschnitt	32·8	13·2	9·3	55·3	7·2	7·2	14·2	13·7	2·4

Tabelle 6. (Fortsetzung.)

Alter der Verstorbenen in 29 ungarischen Städten.
(Percentualtabelle.)

	0—1	1—5	5—20	0—20	20—30	30—40	40—60	60—80	über 80
Debreczen.									
1882—1885	40·6	14·6	7·7	62·9	5·0	4·6	11·7	13·5	2·8
1886—1890	43·8	12·8	8·4	65·0	4·9	4·7	10·6	12·9	1·8
1891—1893	43·8	11·9	7·1	62·8	4·3	5·0	10·6	14·5	2·7
Durchschnitt	42·8	13·2	7·9	63·9	4·7	4·7	11·0	13·5	2·2
Nagyvárad.									
1882—1885	29·7	13·3	8·3	51·3	9·7	8·8	18·2	10·5	1·4
1886—1890	33·6	12·1	6·9	52·6	9·4	9·1	16·1	11·2	1·5
1891—1893	30·8	14·1	8·1	53·0	8·4	7·3	16·5	13·0	1·8
Durchschnitt	32·2	13·0	7·5	52·7	9·1	8·4	16·4	11·7	1·6
Arad.									
1882—1885	31·1	13·5	8·3	52·9	8·0	8·9	16·4	12·1	1·7
1886—1890	32·2	12·0	7·4	51·6	8·2	8·2	16·4	13·3	2·2
1891—1893	27·6	16·6	10·4	54·6	7·0	7·4	14·6	13·8	2·6
Durchschnitt	30·6	13·7	8·5	52·8	7·8	8·2	15·9	13·1	2·1
Versecz.									
1882—1885	35·6	15·2	9·5	60·3	5·4	6·5	13·9	12·1	2·2
1886—1890	34·3	13·6	9·0	56·9	6·1	5·5	13·5	14·4	3·6
1891—1893	30·7	13·2	10·6	54·5	6·9	6·5	13·5	14·9	3·7
Durchschnitt	33·9	14·1	9·6	57·6	6·0	6·1	13·4	13·7	3·1
Durchschnitt der älteren Städte.									
1882—1885	30·7	13·0	7·9	51·6	7·2	6·6	15·3	16·3	3·0
1886—1890	27·8	14·0	8·5	50·3	7·5	7·2	15·4	16·3	3·1
1891—1893	27·8	14·9	9·2	51·9	6·3	6·4	14·7	17·0	3·5
Durchschnitt	28·3	14·0	8·6	50·9	7·2	7·0	15·2	16·3	3·2
Durchschnitt der Städte des Alföld.									
1882—1885	32·4	17·8	9·7	59·9	5·9	6·3	11·5	12·9	2·1
1886—1890	33·9	17·6	9·7	61·2	6·1	5·7	11·2	13·2	2·6
1891—1893	31·2	20·7	11·9	63·8	5·0	4·6	9·8	13·2	3·2
Durchschnitt	33·1	18·5	10·4	62·0	5·8	5·2	11·4	13·0	2·6

Tabelle 6. (Schluss.)

Alter der Verstorbenen in 29 ungarischen Städten.
(Percentualtabelle.)

	0—1	1—5	5—20	0—20	20—30	30—40	40—60	60—80	über 80
Budapest.									
1878—1880	29·6	18·5	7·1	55·2	9·0	8·7	15·9	9·8	1·4
1881—1885	27·3	16·5	6·6	50·4	9·0	9·8	17·2	11·6	1·7
1886—1890	26·9	17·2	7·6	51·7	9·0	9·8	16·1	11·4	1·7
1891—1893	27·2	16·7	7·4	51·3	8·1	9·5	16·4	12·4	2·1
Durchschnitt	27·5	17·1	7·2	51·8	8·9	9·6	16·4	11·4	1·7
Durchschnitt aller Städte.									
1882—1885	30·1	15·7	8·0	53·8	7·4	7·2	14·2	13·6	2·2
1886—1890	29·5	16·3	8·6	54·4	7·5	7·6	14·2	13·6	2·4
1891—1893	28·7	17·4	9·5	55·6	6·4	6·8	13·6	14·2	2·9
Durchschnitt	29·6	16·5	8·7	54·8	7·3	7·2	14·3	13·6	2·6

Tabelle 7.

Kindersterblichkeiten innerhalb des ersten Jahres in 29 ungarischen Städten.

Stadt	Beobachtungs-Periode	In der Beobachtungs-Periode lebend geboren			Verstorben im Alter von 0—1 Jahr			Von 1000 lebendgeborenen starben im Lebensjahr			
		legitim	illegitim	zusammen	legitim	illegitim	zusammen	legitimen Kindern	illegitimen Kindern		

a) **Aeltere Städte.**

Sopron	1883—1893	7.849	903	8.546	1.526	283	1.814	200	319	212
Győr	1885—1893	5.675	721	6.396	1.381	438	1.819	214	603	285
Székes-Fejérvár	1882—1893	10.258	1.156	11.414	2.682	381	3.063	261	329	266
Pécs	1882—1893	10.782	2.001	12.783	2.399	542	2.941	223	271	230
Pozsony	1886—1893	10.827	3.529	14.356	3.280	1.493	4.773	303	423	332
Kassa	1882—1893	10.432	2.653	13.185	2.804	1.075	3.879	269	405	294
Temesvár	1882—1893	11.732	3.953	15.685	2.985	1.412	4.397	255	333	280
Kolozsvár	1885—1893	8.537	2.141	10.678	2.066	664	2.730	242	310	310
Brassó	1883—1893	9.763	618	10.381	1.840	191	2.031	188	309	196

| Summe bez. Durchschnitt | | 85.749 | 7.675 | 103.124 | 20.963 | 6.484 | 27.447 | 244 | 367 | 265 |

b) **Städte des Alföld.**

Miskolcz	1882—1893	10.555	2.908	13.363	2.798	1.075	3.873	265	333	290
Jászberény	1882—1893	10.284	319	10.603	2.812	179	2.991	274	513	282
Czegléd	1883—1893	11.863	643	12.506	3.410	224	3.634	288	349	291
Nagy-Kőrös	1883—1893	8.385	1.013	9.398	2.653	102	2.755	316	107	293
Kecskemét	1885—1893	17.219	1.488	18.707	3.977	523	4.500	231	353	241
Félegyháza	1885—1893	12.966	457	13.423	?	?	3.552	?	?	265
Baja	1883—1893	6.120	901	7.321	1.629	278	1.907	254	309	260

Tabelle 7. (Schluss.)

Kindersterblichkeiten innerhalb des ersten Jahres in 29 ungarischen Städten.

Stadt	Beobachtungs-Periode	In der Beobachtungs-Periode lebend geboren			Verstorben im Alter von 0—1 Jahr			Von 1000 lebendgeborenen starben im Lebensjahr		
		legitim	illegitim	zusammen	legitim	illegitim	zusammen	legitimen Kindern	illegitimen Kindern	Kindern
Szabadka	1882—83. 88—93	25.928	2.528	28.456	5.708	298	6.001	220	116	211
Zombor	1883—1893	9.208	825	10.033	2.500	160	2.660	272	194	265
Szeged	1883—1893	33.024	2.869	35.893	7.543	764	8.307	229	267	232
Makó	1883—1893	14.934	928	15.862	3.097	239	3.335	208	310	214
Békés	1885—1893	8.890	543	9.432	2.304	134	2.438	259	247	259
Békés-Csaba	1882—83, 85—93	17.350	491	17.841	3.740	149	3.889	215	310	218
Nyiregyháza	1883—89, 91—93	11.861	1.493	13.354	2.765	520	3.285	233	348	246
Szatmár-Németi	1886—1893	5.277	834	6.111	1.496	186	1.682	283	223	275
Debreczen	1885—1893	14.874	2.854	17.728	5.219	1.403	6.622	351	491	374
Nagyvárad	1885—1893	9.377	3.161	12.538	2.664	1.182	3.846	294	374	307
Arad	1892—1893	14.835	3.054	17.989	4.244	786	5.030	286	257	281
Versecz	1892—1893	8.843	847	9.690	2.724	356	3.080	308	420	318
Summe, bez. Durchschn.*		239.096	27.619	266.715	61.283	8.602	69.885	256	311	262
c) Budapest.										
Budapest	1878—1893	175.111	75.047	250.158	39.532	20.227	59.759	226	239	239
Summe, bez. Durchschn. aller Städte		**499.956**	**120.341**	**620.297**	**121.778**	**35.313**	**157.091**	**243**	**293**	**253**

* Mit Weglassung von Félegyháza.

Tabelle 8.

Todesfälle an infectiösen Krankheiten in 29 ungarischen Städten.
(Auf 10.000 Bewohner berechnet.)

Jahr	Sopron	Győr	Székes-Fehérvár	Pécs	Pozsony	Kassa	Temesvár	Kolozsvár	Brassó	Durch-schnitt
1878	.	.	.	.	19·5	.	.	123·6	.	57·8
1879	.	.	.	.	17·3	.	.	108·6	.	52·1
1880	.	.	20·5	29·0	31·2	38·9	40·1	23·2	.	30·7
1881	.	.	49·9	28·3	44·1	45·4	45·3	.	.	42·6
1882	.	.	39·2	23·1	18·0	27·6	60·4	.	23·8	32·6
1883	7·9	.	30·4	35·6	7·4	24·7	52·1	.	20·0	23·9
1884	11·0	.	21·0	21·9	14·5	16·7	30·7	.	24·2	20·0
1885	10·0	36·6	28·7	21·2	7·6	22·4	35·7	23·6	24·1	22·3
1886	10·6	71·8	22·5	11·3	22·6	65·7	28·4	14·4	23·7	28·3
1887	42·7	28·9	35·5	26·9	50·4	31·6	31·6	28·4	43·4	36·4
1888	24·0	11·6	10·7	18·3	26·4	20·6	53·4	20·9	28·2	25·3
1889	16·5	15·5	10·6	12·6	12·2	26·7	27·1	56·7	28·1	22·3
1890	2·0	30·8	15·6	22·1	9·8	26·8	12·1	42·0	32·2	22·1
1891	6·9	26·2	51·0	44·7	24·7	40·3	26·8	28·8	27·5	30·5
1892	5·7	30·7	71·4	63·8	29·5	24·4	70·7	15·0	32·5	38·6
1893	24·1	34·1	20·1	65·0	29·3	13·1	43·1	23·2	28·9	32·2
Durchschnitt ..	16·4	31·7	30·0	30·8	22·8	30·2	39·6	41·1	28·1	29·9

Tabelle 8. (Fortsetzung.)

Todesfälle an infectiösen Krankheiten in 29 ungarischen Städten.

(Auf 10.000 Bewohner berechnet.)

Jahr	Städte des Alföld									
	Miskolcz	Jászberény	Czegléd	Nagy-Körös	Kecskemét	Félegyháze	Buja	Szabadka	Zombor	Szeged	Makó
1878	.	.	.	.	39·0	.	.	.	.	.	.
1879	.	.	.	.	74·3	.	.	.	.	.	.
1880	?	.	.	.	45·4	.	.	95·9	61·6	12·0	.
1881	40·7	.	.	.	23·6	.	.	39·9	.	61·4	.
1882	29·9	.	.	.	42·4	.	.	13·7	.	65·9	.
1883	33·4	7·2	69·6	28·8	87·0	.	34·0	41·4	40·8	41·8	54·4
1884	54·5	7·9	65·5	17·9	26·4	.	45·3	33·5	13·0	27·9	13·6
1885	101·1	57·1	28·7	26·9	29·5	23·1	11·3	26·7	24·8	37·5	21·5
1886	46·4	58·5	53·2	29·5	55·9	37·9	16·8	.	11·2	91·3	25·1
1887	42·1	79·3	46·8	33·3	65·4	53·4	8·7	85·0	64·7	52·2	35·3
1888	35·5	26·7	34·9	38·9	76·6	28·2	16·8	35·5	34·0	24·7	36·2
1889	33·4	12·6	30·4	17·0	17·0	19·4	34·2	45·2	36·8	31·7	26·3
1890	30·2	20·3	28·2	34·8	12·6	15·3	83·9	61·6	78·2	28·9	54·1
1891	70·8	52·1	36·9	46·7	36·8	43·5	48·4	41·3	12·7	22·8	42·9
1892	104·5	151·2	83·6	43·7	45·3	67·3	166·9	11·9	120·7	39·4	111·9
1893	30·5	55·6	86·3	24·5	33·2	103·1	63·6	56·5	42·6	51·9	65·5
Durchschnitt ..	51·0	50·2	53·7	31·2	44·5	44·2	55·0	58·7	55·2	49·0	44·6

Tabelle 8. (Schluss.)

Todesfälle an infectiösen Krankheiten in 29 ungarischen Städten.

(Auf 10.000 Bewohner berechnet.)

Jahr	Städte des Alföld								Durch-schnitt	Budapest	Durchschnitt aller Städte
	Békés	Békés-Csaba	Nyiregyháza	Szatmár-Németi	Debreczen	Nagyvárad	Arad	Versecz			
1878	.	.	.	.	63·5	34·2	80·1	.	54·2	61·3	58·9
1879	.	.	.	.	124·0	35·9	72·2	.	81·9	49·1	58·7
1880	.	.	.	.	46·5	62·4	35·1	78·7	74·2	37·5	50·1
1881	.	182·3	.	.	29·4	52·4	53·3	35·9	55·7	49·9	51·0
1882	.	.	.	.	19·8	41·2	85·3	105·3	68·4	47·2	52·8
1883	.	25·7	37·9	.	44·2	30·3	25·4	33·2	42·2	23·1	32·2
1884	16·5	23·2	30·6	.	28·4	36·7	22·8	50·4	31·7	23·1	27·4
1885	50·2	41·4	28·3	.	14·7	39·2	41·8	28·5	34·0	23·9	28·4
1886	38·1	40·0	66·1	21·8	41·5	43·0	29·0	24·4	47·5	92·0	58·6
1887	51·0	15·9	66·6	66·9	36·6	45·6	25·7	66·1	60·5	34·5	47·1
1888	28·9	63·0	24·3	31·4	25·5	20·0	22·8	21·0	33·7	22·8	28·4
1889	27·0	36·5	51·9	46·3	19·5	48·8	20·9	52·3	31·6	29·6	29·1
1890	21·2	32·5	34·2	26·1	13·4	23·6	19·6	30·1	33·1	32·6	30·8
1891	33·7	37·3	54·7	50·9	21·3	29·3	56·8	36·3	42·8	32·3	36·8
1892	91·9	57·5	113·2	43·4	13·6	53·0	71·0	63·4	75·4	39·3	56·3
1893	92·0	64·3	59·2	26·5	18·9	34·2	33·9	54·6	48·9	26·7	37·8
Durchschnitt	45·0	63·3	52·0	39·1	34·2	39·1	43·0	48·6	47·7	38·3	40·8

Tabelle 9.

Todesfälle an infectiösen Krankheiten in 29 ungarischen Städten, nach vier Zeitperioden.

(Auf 10.000 Bewohner und 1000 Todesfälle berechnet.)

Zeitperiode	Ältere Städte									
	Sopron 1883—1893	Györ 1885—1893	Székes-Fejérvár 1880—1893	Pécs 1880—1893	Pozsony 1878—1893	Kassa 1880—1893	Temesvár 1880—1893	Kolozsvár 1878—1893	Brassó 1890—1893	Durch- schnitt
a) Auf 10.000 Bewohner										
1878—1880 ..	.	. .	20·5	27·0	22·7	39·9	40·1	33·9	.	41·5
1881—1885 ..	9·6	36·6	33·7	26·0	18·2	27·2	44·7	23·6	23·1	26·9
1886—1890 ..	22·7	31·6	17·9	18·3	24·1	34·1	30·4	32·6	31·1	31·2
1891—1893 ..	12·3	30·4	46·6	58·3	27·8	25·8	46·9	22·3	29·6	33·7
Durchschnitt ..	16·4	31·7	30·0	30·8	22·8	30·2	39·6	41·1	28·1	29·9
b) Auf 1000 Todesfälle										
1878—1880 ..	.	.	71·5	72·9	57·3	107·6	102·8	225·7	.	.
1881—1885 ..	41·1	112·7	106·0	83·8	47·7	71·1	123·4	69·5	92·1	.
1886—1890 ..	92·8	94·8	67·8	63·3	69·4	90·9	88·6	101·8	121·4	.
1891—1893 ..	48·0	104·7	158·5	166·9	78·9	80·3	138·1	72·8	124·8	.
Durchschnitt ..	66·6	99·9	102·9	99·4	62·0	82·8	112·9	124·4	112·6	..

Tabelle 9. (Fortsetzung.)

Todesfälle an infectiösen Krankheiten in 29 ungarischen Städten, nach vier Zeitperioden.
(Auf 10.000 Bewohner und 1000 Todesfälle berechnet.)

Zeitperiode	Städte des Alföld										
	Miskolcz 1880—1893	Jászberény 1883—1893	Czegléd 1880—1893	Nagy-Kőrős 1893—1893	Kecskemét 1878—1893	Félegyháza 1885—1893	Baja 1888—1893	Szabadka 1880—1893	Zombor 1880—1893	Szeged 1880—1893	Makó 1883—1893
a) Auf 10.000 Bewoher											
1878-1880	.	.	.	.	52·9	.	.	95·8	61·6	119·6	.
1881-1885	53·6	31·0	54·4	24·4	42·8	23·1	30·2	56·1	27·8	46·8	29·3
1885-1890	37·3	39·1	38·6	30·8	45·3	30·5	47·6	45·7	45·1	45·3	35·5
1891-1893	68·4	86·1	57·1	38·3	38·4	71·6	42·9	72·5	96·8	38·2	73·7
Durchschnitt ..	51·0	50·2	53·7	31·2	44·5	44·2	55·0	59·7	55·2	49·0	44·6
b) Auf 1000 Todesfälle											
1878-1880	.	.	.	.	133·4	.	.	223·3	176·3	317·2	.
1881-1885	15·9	90·7	166·2	90·8	126·9	61·7	104·0	178·5	91·0	161·4	103·7
1886-1890	124·5	110·4	121·8	106·0	133·6	87·0	157·1	137·4	148·9	165·3	114·1
1891-1893	203·4	213·5	201·2	134·0	198·5	180·0	262·9	200·4	233·8	134·6	232·3
Durchschnitt ..	158·4	137·7	147·0	110·1	128·7	119·6	175·8	172·8	176·3	170·0	143·9

Tabelle 9. (Schluss.)

Todesfälle an infectiösen Krankheiten in 29 ungarischen Städten, nach vier Zeitperioden.

(Auf 10.000 Bewohner und 1000 Todesfälle berechnet.)

Zeitperiode	Städte des Alföld								Durch-schnitt	Budapest 1878–1893	Durch-schnitt-aller Städte
	Békés 1884–1893	Békés-Csaba 1881–1893	Nyiregyháza 1883–1885	Szatmár-Németi 1886–1893	Debreczen 1878–1893	Nagyvárad 1878–1893	Arad 1878–1893	Versecz 1880–1893			
a) Auf 10.000 Bewohner											
1878–1880	.	.	.	.	78·0	44·2	62·4	78·7	71·3	49·1	55·0
1881–1885	33·4	67·9	32·2	.	27·2	39·8	45·4	50·7	43·5	33·0	34·7
1885–1890	32·7	66·0	48·5	38·4	27·1	36·0	23·5	38·8	40·9	41·6	38·3
1891–1893	72·6	53·1	75·7	40·2	17·9	88·5	58·8	51·1	55·7	32·7	43·6
Durchschnitt ..	45·0	63·3	52·0	39·1	34·2	89·1	43·0	48·6	47·7	38·3	40·8
b) Auf 1000 Todesfälle											
1878–1880	.	.	.	.	204·4	99·4	163·6	176·2		138·0	.
1881–1885	94·2	.	92·5	.	87·9	102·2	122·0	111·1		104·7	.
1886–1890	98·1	159·3	132·7	124·6	88·9	101·4	73·3	117·2		135·0	
1891–1893	151·8	184·2	198·9	127·6	60·8	113·9	158·1	150·1	.	118·8	.
Durchschnitt ..	125·9	178·7	142·3	125·8	101·6	103·6	122·6	138·2		123·4	

Tabelle 10.

Todesfälle an infectiösen Krankheiten und einige andere Todesursachen in 29 ungarischen Städten.

(Auf 10.000 Bewohner berechnet).

	Ältere Städte								
	Sopron 1889—1893	Győr 1885—1893	Sz.-Fejérvár 1880—1893	Pécs 1880—1893	Pozsony 1878—1893	Kassa 18·0—1893	Temesvár 1880—1893	Kolozsvár 1878—1893	Brassó 1880—1893
Variola	1·0	0·3	3·2	2·3	5·0	4·3	7·1	2·4	0·3
Morbilli	0·8	2·9	1·3	0·8	3·1	3·3	0·9	1·8	2·5
Scarlatina	1·4	6·5	2·5	4·0	1·9	5·5	6·0	3·9	3·9
Croup, Diphtheritis	7·6	12·1	15·4	14·6	8·4	8·7	17.1	20·0	8·1
Pertussis	1·4	2·2	2·2	1·7	1·3	2·3	1·4	3·2	3·4
Typhus, typhoid	3·4	3·2	4·4	5·9	2·7	4·1	4·9	8·5	6·6
Cholera	0·1	2·9	.	.	.	.	0·1	.	0·4
Febris puerperalis	0·5	1·0	0·9	1·4	0·2	0·8	1·1	1·0	1·9
Sonstige infectiöse Todesursachen	0·3	0·5	0·1	0·1	0·2	1·1	1·1	0·2	0·7
Summe aller infectiöser Todesursachen	16·4	31·7	30·0	30·8	22·8	30·2	39·6	41·1	28·1
Tuberculosis	48·3	52·3	60·5	53·8	63·9	59·3	59·7	38·8	33·8
Diarrhoea, enteritis	22·2	26·9	36·3	25·0	36·5	55·7	38·5	25·7	28·6
Pleuropneumonia, bronchitis	27·8	23·8	24·9	18·0	37·4	49·3	27·9	38·7	19·7
Gewaltsame Todesursachen	4·8	6·3	3·8	6·9	4·4	6·6	7·0	8·2	8·2

5*

Tabelle 10. (Fortsetzung.)

Todesfälle an infectiösen Krankheiten und einige andere Todesursachen in 29 ungarischen Städten.
(Auf 10.000 Bewohner berechnet.)

	Städte des Alföld										
	Miskolcz 1880—1893	Jászberény 1883—1893	Czegléd 1880—1893	Nagy-Körös 1883—1893	Kecskemét 1878—1893	Félegyháza 1885—1893	Baja 1883—1893	Szabadka 1880—1893	Zombor 1880—1893	Szeged 1880—1893	Makó 1883—1893
Variola	3·5	4·2	3·5	2·4	5·8	4·5	3·6	3·4	7·1	8·1	4·9
Morbilli	1·3	1·7	3·1	0·5	3·0	1·3	4·8	7·8	5·7	5·5	2·7
Scarlatina	8·2	10·9	4·9	4·9	8·8	4·5	13·2	6·6	4·5	8·4	5·3
Croup, Diphtheritis	21·1	26·7	24·1	13·6	16·3	23·6	23·9	24·6	29·6	11·8	22·7
Pertussis	2·5	3·1	1·3	5·7	3·9	0·8	2·2	7·1	1·8	2·5	.
Typhus, typhoid	6·0	2·2	14·3	3·2	5·0	8·7	3·7	7·1	4·9	8·7	8·5
Cholera	].	0·1	.	.	.	.	0·7	.	.	2·5	.
Febris puerperalis	3.0	1·0	2·4	0·8	0·4	0·6	1·5	2·2	1·5	1·5	0·5
Sonstige infectiöse Todesursachen	5·8	0·1	0·1		0·2	0·1	1·4	0·1	0·1	.	.
Summe aller infectiöser Todesursachen	51·0	50·2	53·7	31·2	44·5	44·2	55·0	58·7	55·2	49·0	44·6
Tuberculosis	34·0	68·8	53·1	24·0	40·5	83·2	40·1	38·8	52·3	42·9	41·1
Diarrhoea, enteritis	37·8	25·9	59·6	27·7	41·4	67·7	22·4	27·8	11·7	35·2	24·6
Pleuropneumonia, bronchitis	30·6	34·4	31·0	17·0	23·0	19·8	19·0	16·2	21.2	26·4	14·7
Gewaltsame Todesursachen	5·4	3·8	1·1	7·5	7·0	6·0	3·0	2·7	4·9	5·2	0·0

Tabelle **10.** (Schluss.)

Todesfälle an infectiösen Krankheiten und einige andere Todesursachen in 29 ungarischen Städten.

(Auf 10.000 Bewohner berechnet.)

	Städte des Alföld								Budapest 1878—1893
	Békés 1884—1893	Békés-Csaba 1881—1893	Nyiregyháza 1883—1885	Sz.-Németi 1886—1893	Debreczen 1878—1893	Nagyvárad 1878—1893	Arad 1878—1893	Versecz 1880—1893	
Variola	1·2	5·8	8·6	6·1	5·6	5·3	2·7	5·9	5·9
Morbilli	3·9	5·0	4·6	3·8	1·1	2·9	2·6	1·8	3·0
Scarlatina	2·1	14·6	7·9	4·0	5·3	6·0	5·5	7·6	4·4
Croup, Diphteritis	28·0	24·7	21·3	13·3	12·1	11·3	16·3	16·3	12·3
Pertussis	0·9	5·6	3·3	2·8	2·9	4·7	6·4	4·7	1·5
Typhus, typhoid	3·6	6·1	2·9	5·0	6·0	6·3	4·4	8·3	4·6
Cholera	0·1	.	.	0·6	.	.	0·1	.	1·7
Febris puerperalis	0·7	1·2	1·0	0·7	1·2	1·7	1·4	2·0	0·8
Sonstige infectiöse Todesursachen	4·4	0·6	2·6	3·1	0·1	0·8	3·5	1·8	4·0
Summe aller infectiöser Todesursachen	45·0	63·3	52·0	39·1	34·2	39·1	43·0	48·6	38·3
Tuberculosis	33·6	43·9	47·9	46·6	49·0	55·1	68·1	49·8	63·5
Diarrhoea, enteritis	49·9	58·9	42·1	21·2	40·9	38·3	42·9	24·6	33·5
Pleuropneumonia, bronchitis	51·1	29·4	36·0	17·2	24·9	40·4	34·9	24·6	35·3
Gewaltsame Todesursachen	1·1	4·8	1·1	4·2	5·7	4·6	6·7	5·9	8·0

Tabelle 11.

Sterblichkeit an infectiösen Krankheiten und einigen anderen Todesursachen in Budapest.

(Auf 10,000 Bewohner berechnet.)

Jahr	Variola	Morbilli	Scarlatina	Croup und Diphtheritis	Pertussis	Typhus	Cholera asiatica	Febris puerperalis	Sonstige infect. Krankh.	Summe aller infect. Krankh.	Tuberculose	Diarrhoea, Enteritis	Pleuropneumonia, Bronchitis	Gewaltsame Todesursachen
1878	7·3	4·6	10·1	19·9	3·8	8·9		1·0	5·7	61·3	84·8	50·5	34·3	7·5
1879	11·9	7·0	2·6	11·3	4·5	6·3		0·9	5·0	49·3	83·6	36·0	32·4	6·2
1880	8·9	3·2	3·2	9·2	0·7	6·4		1·0	4·9	37·6	80·4	43·3	31·0	6·6
1881	11·8	2·4	7·0	11·0	2·4	9·1		1·1	5·1	49·8	75·8	38·2	31·8	5·9
1882	10·1	4·2	6·8	10·1	3·4	6·3		1·3	5·0	47·2	68·3	29·2	41·6	6·8
1883	1·8	0·9	2·2	6·2	1·2	4·3		1·1	5·4	23·4	73·9	34·0	31·5	6·1
1884	1·6	2·9	1·4	6·2	2·0	3·2		1·1	4·7	23·1	72·0	32·0	39·9	6·5
1885	4·2	4·2	0·8	5·8	1·3	2·6	·	0·6	4·4	23·9	67·7	28·4	33·4	6·0
1886	35·1	7·6	12·6	12·7	0·9	5·4	12·7	0·8	4·2	92·0	68·7	30·7	36·3	9·3
1887	8·2	2·1	3·2	11·3	0·3	3·4		0·7	4·6	34·6	59·9	31·8	31·1	10·7
1848	0·3	1·9	1·7	9·7	0·6	3·7		0·6	4·4	22·8	62·4	10·1	29·7	9·7
1859		0·2	2·6	13·3	1·6	8·1		0·6	3·5	29·6	50·9	31·8	26·3	8·5
1890	·	1·8	5·4	18·3	0·7	3·2		0·6	2·6	32·6	55·8	31·8	11·0	9·2
1891		1·6	6·2	17·8	0·6	2·5		0·5	3·2	32·3	50·3	31·4	35·7	8·4
1892	0·1	2·5	4·3	17·6	0·4	2·6	9·5	0·2	2·1	39·3	45·8	31·1	40·0	9·2
1893	0·1	2·7	1·9	13·3	0·9	1·5	2·6	0·4	3·2	26·7	44·3	25·2	45·7	11·9

Tabelle 12.

Natürliche Volksvermehrung 35 ungarischer Städte von 1878 bis 1893.

(Auf 1000 Bewohner berechnet.)

Jahr	Ältere Städte											
	Sopron	Győr	Komárom	Székes-Fehérvár	Pécs	Pozsony	Selmecz-bánya	Kassa	Temesvár	Kolozsvár	Maros-Vásárhely	Brassó	Durch-schnitt
1878	5·2	-1·0	3·5	4·6	-3·7	-5·0	-3·5	1·3	-8·8	-9·9	-1·0	.	-1·8
1879	5·0	-0·1	-5·4	7·6	-2·6	-2·5	4·9	5·6	-3·1	0·0	-3·0	.	0·4
1880	4·8	-2·0	-1·5	11·6	-4·5	-6·7	1·7	-0·2	-4·3	2·8	1·8	.	-0·1
1881	3·1	2·8	0·0	1·4	2·2	-7·7	4·3	-2·5	-0·8	0·7	2·6	.	-0·4
1882	2·5	1·3	-7·1	6·7	5·6	-1·5	-1·0	3·2	-2·5	-10·9	-7·6	.	-1·2
1883	5·7	-8·1	4·2	5·3	1·6	-5·4	-0·5	-0·7	2·1	6·8	3·5	7·3	1·3
1884	7·1	4·5	9·7	8·8	4·0	-3·2	-1·6	-0·6	6·3	10·6	7·1	8·9	4·4
1885	4·9	0·8	-2·0	3·1	6·5	-2·0	6·4	4·1	-1·8	4·1	2·2	8·1	2·7
1886	3·0	-4·8	-8·0	6·4	6·3	-0·3	6·3	-0·6	2·7	9·9	7·6	1·9	2·7
1887	4·9	1·6	4·3	2·1	1·0	-1·9	0·7	2·9	2·9	1·6	-1·8	5·4	1·9
1888	5·2	-0·8	3·2	15·1	0·9	-4·1	5·2	-0·2	-4·0	7·7	-1·2	5·5	5·2
1889	6·2	5·9	8·0	13·0	8·9	3·2	5·7	6·8	3·9	0·7	3·8	6·6	5·2
1890 ..	2·5	-3·6	-4·5	6·8	0·8	-1·2	1·8	-0·1	0·5	2·1	1·5	4·5	1·0
1891	6·0	4·8	-5·3	5·6	-2·9	-0·3	7·0	3·7	-0·6	7·0	-1·0	9·0	2·8
1892	4·2	3·0	3·5	2·0	-3·4	1·6	-0·7	9·4	-10·7	6·7	4·6	3·9	0·6
1893	6·3	3·9	3·1	6·3	0·1	-0·4	3·6	7·6	-2·4	5·0	4·6	3·8	2·8
Durch-schnitt ..	4·8	0·6	-0·0	6·6	1·3	-2·5	2·7	2·5	-1·3	2·9	0·6	5·8	1·7

Tabelle **12.** (Fortsetzung.)

Natürliche Volksvermehrung 35 ungarischer Städte von 1878 bis 1893.

(Auf 1000 Bewohner berechnet.)

Jahr	Städte des Alföld											
	Miskolcz	Jászberény	Czegléd	Nagy-Kőrös	Kecskemét	Félegyháza	Baja	Szabadka	Zombor	Ujvidék	Szeged	Hódmező-Vásárhely	Makó
1878	.	.	.	.	7·5	.	5·9	6·3	13·5	6·2	9·9	5·3	.
1879	.	.	.	.	3·2	.	1·9	10·1	10·2	2·7	0·4	12·1	.
1880	.	.	.	.	6·2	.	2·2	7·4	7·2	3·4	4·8	12·6	.
1881	1·9	.	.	.	12·9	.	9·9	15·6	12·6	10·9	7·8	18·6	.
1882	9·4	.	.	.	10·6	.	7·5	1·4	3·3	6·1	11·4	4·2	.
1883	11·5	17·9	12·2	8·6	5·5	.	2·9	15·9	6·3	4·7	14·4	14·9	15·4
1884	9·4	12·8	9·6	12·5	11·8	.	6·5	16·0	12·2	13·5	14·6	12·5	22·4
1885	-3·4	18·3	17·4	14·1	13·5	16·7	11·8	20·7	4·6	6·6	7·9	17·9	21·8
1886	8·9	5·1	7·9	6·9	9·8	15·9	6·8	4·0	9·0	10·6	3·8	12·8	19·7
1887	10·7	6·0	10·7	8·9	11·8	12·8	0·0	18·5	2·6	8·3	13·6	7·7	13·9
1888	8·0	9·7	9·2	3·1	1·9	18·6	5·7	13·6	6·3	10·3	17·0	5·1	13·9
1889	10·0	16·8	15·4	9·6	15·6	19·5	6·3	18·1	9·8	9·5	14·4	10·2	15·4
1890	7·2	9·8	6·9	-2·0	13·3	21·5	-2·7	10·6	-1·5	7·2	11·6	0·2	7·7
1891	3·2	7·9	12·6	3·0	11·7	10·6	1·3	8·5	-4·5	5·5	13·2	-1·3	12·2
1892	-0·4	-9·7	-0·2	5·1	7·2	2·8	-12·4	-0·6	-6·0	-6·6	5·7	-0·9	0·9
1893	12·0	12·0	8·1	7·4	7·2	9·6	5·9	10·9	5·6	8·1	9·9	8·0	12·2
Durch-schnitt	6·9	8·9	9·8	7·0	9·5	14·0	3·7	11·0	5·6	7·6	9·5	9·5	14·6

Tabelle 12. (Schluss.)

Natürliche Volksvermehrung 35 ungarischer Städte von 1878 bis 1893.

(Auf 1000 Bewohner berechnet.)

Jahr	Städte des Alföld								Durch-schnitt	Budapest	Durchschnitt aller Städte
	Békés	Békés-Csaba	Nyiregyháza	Szatmár-Németi	Debreczen	Nagyvárad	Arad	Versecz	Pancsova			
1878	.	.	.	-1·	-1·6	-6·8	-0·3	-1·6	0·0	3·7	0·0	1·1
1879	.	.	.	1·2	-10·3	-10·0	5·0	6·1	0·9	2·7	2·7	2·1
1880	.	.	.	20·0	4·0	-5·8	0·0	-1·1	0·5	3·5	3·9	2·3
1881	.	15·9	.	-3·0	0·6	-4·6	1·0	5·8	2·1	8·3	0·4	3·8
1882	.	12·4	.	-2·2	2·5	-1·3	-2·4	6·2	6·5	4·9	3·0	2·9
1883	.	23·8	10·9	6·4	-0·4	-1·1	4·5	7·4	3·9	10·0	4·7	5·7
1884	24·4	.	16·0	9·1	6·0	3·9	8·1	11·1	7·1	12·3	4·3	8·2
1885	7·5	18·7	15·4	4·1	2·8	-4·3	-0·5	10·7	6·3	10·5	6·4	7·8
1886	11·3	18·4	12·8	8·9	-0·5	5·7	6·0	-1·1	3·2	8·0	-2·5	3·6
1887	9·3	-2·0	5·8	2·1	4·0	0·7	7·1	2·8	2·5	8·1	5·3	6·0
1888	8·0	10·4	18·9	4·8	2·6	3·2	3·4	5·1	2·8	8·7	5·3	6·3
1889	9·0	13·1	16·2	7·1	8·6	2·3	7·0	-4·7	4·0	11·5	8·2	9·2
1890	14·0	14·8	17·3	5·5	4·8	2·1	1·8	3·6	-0·9	7·6	5·0	5·4
1891	-3·2	3·6	15·7	6·2	5·4	1·9	0·0	0·5	3·0	6·0	9·1	6·0
1882	1·0	9·3	5·7	4·9	8·0	-0·5	-2·8	-8·2	0·4	1·9	7·7	3·6
1893	2·4	1·7	20·6	7·7	8·6	4·4	5·0	3·0	-3·0	8·5	10·0	7·9
Durch-schnitt	8·3	11·6	14·2	2·7	3·0	-0·3	2·6	2·2	3·1	7·6	4·7	5·1

Tabelle 13.

Bewegung der Bevölkerung in 35 ungarischen Städten.

(Auf 1000 Bewohner berechnet.)

Jahr	Sopron	Győr	Komárom	Székes-Fejérvár	Pécs	Pozsony	Selmecz-bánya	Kassa	Temesvár	Kolozsvár	Maros-Vásárhely	Brassó	Durch-schnitt
a) Natalitäts-Verhältnisse.													
1878-1880	32·6	35·2	33·6	41·1	31·4	34·9	37·1	33·3	30·8	35·1	30·3	.	34·6
1881-1885	30·5	33·7	34·9	36·7	33·2	33·6	33·3	38·9	36·3	33·1	32·6	33·4	35·4
1886-1890	28·8	32·9	32·7	35·1	32·5	33·9	36·4	39·3	35·5	36·3	31·0	30·5	34·1
1891-1893	31·2	32·9	34·9	31·0	32·9	35·6	35·9	39·1	29·4	36·8	29·9	29·3	33·5
Durch-schnitt ..	30·5	33·6	33·9	36·5	32·6	34·3	37·2	38·9	33·8	36·7	31·3	30·6	34·-
b) Mortalitäts-Verhältnisse.													
1878-1880	27·6	36·2	31·8	33·2	35·0	39·6	36·1	36·0	36·2	37·2	32·1	.	35·2
1881-1885	25·9	36·2	34·0	31·8	29·3	39·2	36·9	33·1	36·2	35·8	32·1	25·3	33·9
1886-1890	24·5	33·3	32·1	26·4	28·9	34·8	32·5	37·5	31·3	32·0	29·1	25·6	31·4
1891-1893	25·7	29·0	40·2	29·4	35·0	35·2	28·9	32·2	33·9	30·7	30·8	23·8	31·2
Durch-schnitt ..	25·7	33·0	33·9	29·3	31·3	36·8	34·5	36·1	35·1	33·8	30·7	25·0	32·8
c) Natürliche Volksvermehrung oder Verminderung.													
1878-1880	5·0	-1·0	-1·2	7·9	-3·6	-4·7	1·0	-3·3	-5·4	-2·1	-0·9	.	-0·6
1881-1885	4·6	-2·5	0·9	4·9	3·9	-4·6	1·4	0·8	0·1	2·3	0·5	8·1	1·5
1886-1890	4·3	-0·4	0·6	8·7	3·6	-0·9	3·9	1·8	1·2	4·3	1·9	4·9	2·7
1891-1893	5·5	3·9	5·3	4·6	-2·1	0·4	7·0	6·9	-4·5	6·1	-0·9	5·5	2·3
Durch-schnitt ..	4·8	0·6	0·0	6·6	1·3	-2·5	2·7	2·5	-1·3	2·9	0·6	5·8	1·7

Tabelle **13**. (Fortsetzung.)

Bewegung der Bevölkerung in 35 ungarischen Städten.
(Auf 1000 Bewohner berechnet.)

Jahr	Miskolcz	Jászberény	Czegléd	Nagy-Körös	Kecskemét	Félegyháza	Baja	Szabadka	Zombor	Ujvidék	Szeged	Hódmező-Vásárhely	Makó
a) **Natalitäts-Verhältnisse.**													
1878-1880 ..	.	.	.	.	45·2	.	38·5	18·7	41·1	39·1	41·5	12·0	.
1881-1885 ..	39·3	48·7	45·9	39·5	44·8	.	36·4	45·4	35·2	40·3	40·1	39·6	4·3
1886-1890 ..	39·1	44·5	41·5	34·3	44·4	52·7	33·5	46·3	34·6	39·5	39·5	34·1	45·3
1891-1893 ..	38·6	43·8	40·9	33·7	41·2	47·4	33·5	42·6	32·5	39·1	38·8	34·4	41·6
Durchschnitt	39·1	45·4	42·5	35·3	41·1	51·0	35·3	45·7	37·0	39·7	39·1	35·1	45·0
b) **Mortalitäts-Verhältnisse.**													
1878-1880 ..	.	.	.	.	39·7	.	35·2	40·8	38·9	35·1	36·5	32·3	.
1881-1885 ..	33·6	34·1	32·7	26·9	33·7	.	28·6	31·5	30·6	31·9	28·9	25·9	28·4
1886-1890	30·0	35·4	31·7	29·0	33·9	35·1	30·3	33·3	29·4	30·4	27·3	27·8	31·2
1891-1893 ..	33·7	40·3	34·1	23·6	32·6	39·7	35·3	36·2	34·1	33·6	28·4	35·7	33·1
Durchschnitt	32·2	36·5	32·7	28·3	34·6	37·0	31·6	34·7	31·4	32·1	29·6	28·6	31·0
c) **Natürliche Volksvermehrung oder Verminderung.**													
1878-1880 ..	.	.	.	.	5·5	.	3·3	7·9	10·2	4·1	5·0	9·7	.
1881-1885 ..	5·7	14·6	13·2	12·6	11·1	.	7·8	13·9	7·6	8·4	11·2	13·7	19·9
1886-1890 ..	9·1	9·1	9·8	5·3	10·5	17·6	3·2	13·0	5·2	9·1	12·2	6·3	14·1
1891-1893 ..	4·9	3·5	6·8	5·1	8·6	7·7	-1·8	6·3	-1·6	5·5	10·4	-1·3	8·5
Durchschnitt	6·9	8·9	9·8	7·0	9·5	14·0	3·7	11·0	5·6	7·6	9·5	9·5	14·0

Tabelle 13. (Schluss.)

Bewegung der Bevölkerung in 35 ungarischen Städten.
(Auf 1000 Bewohner berechnet.)

Jahr	Békés	Békés-Csaba	Nyiregyháza	Szatmár-Németi	Debreczen	Nagyvárad	Arad	Versecz	Pancsova	Durch-schnitt	Budapest	Durch-schnitt aller Städte
a) **Natalitäts-Verhältnisse.**												
1878-1880	.	.	.	36·1	35·7	36·9	39·8	44·2	38·3	41·5	37·4	38·5
1881-1885	31·3	51·4	49·0	35·4	33·3	37·4	39·5	41·5	37·4	41·3	35·4	38·0
1886-1890	43·8	47·1	51·6	36·5	34·5	38·3	37·1	34·2	35·6	40·5	35·2	37·6
1891-1893	40·0	45·1	52·1	37·7	36·7	36·1	34·6	33·6	34·1	39·4	35·9	37·1
Durch-schnitt..	44·1	49·2	51·1	36·4	34·8	37·4	37·7	38·3	36·7	40·7	35·7	37·8
b) **Mortalitäts-Verhältnisse**												
1878-1880	.	.	.	43·0	38·1	44·5	38·1	43·2	37·6	38·3	35·6	36·7
1881-1885	35·4	36·7	34·9	32·6	31·0	39·0	37·3	35·8	32·1	31·9	31·5	32·3
1886-1890	33·4	36·8	37·4	30·8	30·5	35·5	32·9	33·1	33·3	31·8	30·8	31·4
1891-1893	39·9	40·1	33·1	31·5	29·4	34·1	34·2	34·2	31·1	33·9	27·6	31·2
Durch-schnitt..	35·8	37·6	36·9	33·7	31·8	37·7	35·1	36·0	33·6	33·1	31·0	32·5
c) **Natürliche Volksvermehrung oder Verminderung.**												
1878-1880	.	.	.	-6·9	-2·4	-7·6	1·7	1·0	0·5	3·2	1·9	1·8
1881-1885	-4·1	17·3	14·1	2·9	2·3	-1·6	2·2	5·7	5·3	9·4	3·9	5·7
1886-1890	10·4	10·3	14·2	5·7	4·0	2·8	4·2	1·1	2·3	8·7	4·4	6·2
1891-1893	0·1	5·0	14·0	6·2	7·3	2·0	0·4	-0·6	3·0	5·5	8·3	5·9
Durch-schnitt..	8·3	11·6	14·2	2·7	3·0	-0·3	2·6	2·3	3·1	7·6	4·7	4·9

Berechnung der Mortalitäts-Indexe

auf Grund der Standard-Bevölkerung für das Jahrzehnt 1886—1895 [1])

den Beschlüssen des Institut International de Statistique entsprechend (siehe Bulletin de l'Institut International de Statistique, Band IX., Heft II. Seite LXIX. und LXX.)

[1]) Für die Stadt Szatmár-Németi die Jahre 1886—1894, für die Städte Jászberény, Szabadka, Szeged und Nyiregyháza 1885—1894.

Tabelle 14.

Berechnung der Mortalitäts-

Laufende Nr.	Stadt[1]	0—1 Jahr			1—20 Jahre			20—40 Jahre		
		Anzahl der Lebenden 1/I. 1891	Jahresmittel der Todesfälle	Mortalitäts-Coëfficient	Anzahl der Lebenden 1/I. 1891	Jahresmittel der Todesfälle	Mortalitäts-Coëfficient	Anzahl der Lebenden 1/I. 1891	Jahresmittel der Todesfälle	Mortalitäts-Coëfficient
1	Sopron	670	173	257·8	11.941	165	13·9	8.226	89	10·8
2	Györ	508	191	377·0	9.811	151	15·3	6.876	100	14·6
3	Székes-Fejérvár	742	240	324·0	12.569	175	13·9	7.534	76	10·1
4	Pécs	736	261	355·3	13.333	226	16·9	10.736	158	14·7
5	Pozsony	1.204	528	438·2	20.370	339	16·6	16.256	242	14·9
6	Kassa	800	338	421·7	12.313	239	19·4	9.310	149	15·9
7	Temesvár	848	362	427·0	15.757	285	18·1	13.072	218	16·7
8	Kolozsvár	837	298	356·6	13.013	234	17·9	11.101	167	15·0
9	Brassó	780	181	231·9	14.520	215	14·8	8.390	86	10·3
10	Budapest	12.241	3.911	319·5	182602	3.455	18·9	190969	2.647	13·9
11	Miskolcz	913	351	384·7	13.045	218	16·7	9.825	89	9·1
12	Jászberény	849	307	362·1	11.358	317	27·9	6.379	76	11·9
13	Nagy-Körös	677	253	378·7	11.010	169	15·3	6.464	68	10·6
14	Kecskemét	1.609	500	310·6	21.791	486	22·3	12.983	147	11·3
15	Félegyháza	1.299	389	299·2	14.322	351	24·5	8.086	93	11·5
16	Szabadka	2.582	746	289·0	23.542	805	24·0	20.341	235	11·6
17	Zombor	662	233	353·0	11.807	249	21·1	7·137	89	12·4
18	Szeged	2.907	769	264·3	38.738	722	18·6	24.995	296	11·9
19	Békés	923	240	259·9	11·183	336	30·1	6·770	73	10·8
20	Békés-Csaba	1.268	358	282·6	15.885	508	31·9	9·038	110	12·2
21	Nyiregyháza	1.048	336	320·5	12.001	318	26·5	8.498	96	11·4
22	Debreczen	1.718	753	438.1	23·723	368	15·5	18.137	156	8·6
23	Nagyvárad	972	420	432·0	15.308	268	17·5	13.179	223	16·9
24	Arad	1.051	413	392·6	17.752	294	16·6	13.001	210	16·2
25	Czegléd	833	325	390·8	12.623	231	18·3	7.190	77	10·7
26	Baja	488	171	349·2	8.252	167	20·3	5.551	64	11·6
27	Makó	993	305	307·5	15.168	343	22·6	8.798	104	11·9
28	Szatmár-Németi	565	189	371·7	8.814	130	16·4	6.361	83	14·5
29	Versecz	503	245	486·5	9.059	175	19·3	6.389	88	13·9

[1]) Die Altersbesetzung der Städte Miskolcz, Jászberény, Nagy-Körös, Félegy-
Mittheilung des K. Ung.

Coëfficienten für 5 Altersgruppen.

40—60 Jahre			Über 60 Jahre			Zusammen		
Anzahl der Lebenden 1/I. 1891	Jahresmittel der Todesfälle	Mortalitäts-Coëfficient	Anzahl der Lebenden 1/I. 1891	Jahresmittel der Todesfälle	Mortalitäts-Coëfficient	Anzahl der Lebenden 1/I. 1891	Jahresmittel der Todesfälle	Mortalitäts-Coëfficient
4.567	94	20·6	1.809	153	84.4	27.213	674	24·8
3.991	114	28·5	1.009	147	91·5	22.795	703	30·9
4.805	97	20·3	1.898	155	81·4	27.548	743	26·9
6.609	188	27·2	2.353	235	99·8	34.067	1.068	31·3
10.108	286	28·3	4.473	417	93·3	52.411	1.812	34·6
4.685	141	30·2	1.776	152	85·7	28.884	1.019	35·3
7.787	227	29·1	2.420	213	88·1	39.884	1.305	32·7
5.614	151	26·8	2.191	183	83·7	32.756	1.033	31·5
5.091	114	22·3	1.958	166	84·7	20.739	762	24·8
82.980	2.382	28·7	23.146	2.024	87·4	491.938	14.419	29·3
5.031	97	19·3	1.594	165	103·2	30.408	920	30·3
4.103	75	18·4	1.642	120	73·0	24.331	895	36·8
4.387	68	15·4	2.034	143	70·1	24.584	701	28·5
8.283	154	18·6	3.827	312	81·6	48.493	1.599	32·9
4.800	92	19·2	1.782	148	81·4	30.326	1.073	35·4
12.072	214	17·7	4.200	352	83·8	72.737	2.352	32·3
4.986	91	18·2	1.843	146	79·2	26.435	808	30·5
13.883	245	17·6	5.046	353	69·9	85.569	2.385	27·9
4.741	87	18·5	1.454	129	87·6	25.087	865	34·5
5.980	111	18·6	2.039	170	84·7	34.243	1.263	36·9
4.174	116	27·7	1.205	114	87·9	27.014	980	36·3
9.817	177	18·0	3.545	262	74·0	56.940	1.716	30·1
6.950	210	30·3	2.148	185	86·0	38.557	1.306	33·9
7.736	218	28·2	2.512	212	84·5	42.052	1.347	32·4
4.814	79	16·3	2.089	155	74·1	27.549	867	31·5
3.667	73	19·9	1.527	128	84·0	19.485	603	31·0
5.621	98	17·3	2.083	172	82·7	32.668	1.022	31·3
3.656	82	24·8	1.340	96	79·5	20.736	580	31·1
4.424	98	22·1	1.484	130	87·9	21.859	736	33·7

háza, Békés, Békés-Csaba, Nyiregyháza, Czegléd, Baja und Makó nach freundlicher Statistischen Centralbureaus.

Tabelle 15.

Umwandlung der Mortalitäts-Coëfficienten in Mortalitäts-Indexe auf Grund der Standard-Bevölkerung.

(Schwedische Standard-Bevölkerung : 0—1 Jahr 2·55%; 1—20 Jahre 39·80%; 20—40 Jahre 26·96%; 40—60 Jahre 19·28%; über 60 Jahren 11·46%.)

Laufende Nummer nach dem Gesammt-Index	Stadt	0—1 Jahr	1—20 Jahre	20—40 Jahre	40—60 Jahre	über 60 Jahren	Gesammt-Index	Gewöhnlicher Mortalitäts-Coëfficient	Differenz des Indexes zum Coëfficienten	Laufende Nummer nach dem Sterbl.-Coëffic.
1	Brassó	5·95	5·89	2·78	4·29	9·71	28·62	24·80	+3·82	2
2	Sopron	6·58	5·53	2·91	3·96	9·67	28·65	24·77	+3·88	1
3	Szeged	6·74	7·40	3·21	3·39	8·01	28·75	27·87	+0·88	4
4	Nagy-Kőrös	9·66	6·09	2·86	2·96	8·03	29·60	28·51	+1·09	5
5	Székes-Fejérvár	8·26	5·53	2·72	3·91	9·33	29·75	26·99	+2·76	3
6	Debreczen	11·17	6·17	2·32	3·46	8·48	31·60	30·14	+1·46	7
7	Czegléd	9·97	7·28	2·89	3·13	8·49	31·76	31·47	+0·29	15
8	Kecskemét	7·92	8·87	3·05	3·58	9·35	32·77	32·98	−0·21	20
9	Makó	7·84	8·99	3·21	3·33	9·48	32·85	31·29	+1·56	13
10	Szabadka	7·37	9·55	3·13	3·40	9·60	33·05	32·34	+0·71	18
11	Zombor	9·00	8·40	3·34	3·54	9·08	33·36	30·56	+2·80	9
12	Félegyháza	7·63	9·77	3·10	3·69	9·33	33·50	35·37	−1·87	26
13	Baja	8·90	8·08	3·13	3·83	9·62	33·56	30·95	+2·61	11
14	Szatmár-Németi	9·48	6·52	3·91	4·77	9·11	33·79	31·08	+2·71	12
15	Miskolcz	9·81	6·65	2·45	3·71	11·83	34·45	30·28	+4·17	8
16	Budapest	8·15	7·52	3·75	5·52	10·01	34·95	29·31	+5·64	6
17	Kolozsvár	9·09	7·12	4·05	5·16	9·59	35·01	31·50	+3·51	16
18	Békés	6·63	11·98	2·91	3·56	10·04	35·12	34·49	+0·63	23
19	Györ	9·61	6·09	3·94	5·48	10·49	35·61	30·85	+4·76	10
20	Jászberény	9·23	11·40	3·21	3·54	8·37	35·75	36·80	−1·05	28
21	Arad	10·01	6·61	4·37	5·42	9·68	36·09	32·04	+4·05	17
22	Pécs	9·06	6·73	3·96	5·23	11·44	36·42	31·34	+5·08	14
23	Békés-Csaba	7·21	12·70	3·29	3·58	9·70	36·48	36·88	−0·40	29
24	Nyiregyháza	8·17	10·55	3·07	5·33	10·07	37·19	36·27	+0·92	27
25	Pozsony	11·17	6·61	4·02	5·44	10·69	37·93	34·57	+3·36	24
26	Versecz	12·41	7·68	3·75	4·25	10·07	38·16	33·67	+4·49	21
27	Nagyvárad	11·02	6·96	4·56	5·83	9·85	38·22	33·87	+4·35	22
28	Temesvár	10·89	7·20	4·50	5·60	10·10	38·29	32·72	+5·57	19
29	Kassa	10·75	7·72	4·29	5·81	9·82	38·39	35·25	+3·14	25

NACHTRAG.

MATERIAL-TABELLEN

DIE ABSOLUTEN BEOBACHTUNGSZIFFERN ENTHALTEND. *)

                                                                                    Seite

I. Bevölkerungsziffern für die einzelnen Jahre (auf die Mitte des Jahres berechnet)   78

II. Absolute Jahresziffern sowie Coëfficienten der Geburten und Sterbefälle   80

III. Absolute Jahresziffern über das Alter der Verstorbenen   92
    Nachtrag für sechs Städte, wo das Alter der Verstorbenen (0—5 jährigen) Kinder bloss in einer Ziffer bekannt ist . .   101
    Anzahl der Verstorbenen unbekannten Alters   102

IV. Jahresziffern der Todesursachen   103
    Nachtrag für die Cholerafälle   112

---

*) Da es — entgegen der auf S. 5 enthaltenen Bemerkung — nachträglich dennoch möglich wurde auch die absoluten Ziffern unserer Beobachtungen auszudrucken, lassen wir dieselben in diesem Nachtrage folgen.

Tabelle I.

Bevölkerungsziffern für die einzelnen Jahre

a) für Budapest: 1878: 333.694, 1879: 350.018, 1880: 366.342, 1881: 377.393, 1887: 456.911, 1888: 470.164, 1889: 483.419, 1890: 496.670, 1891:

b) für die

Namen der Städte	1878	1879	1880	1881	1882	1883	1884	1885
Sopron (Oedenburg)...	22.813	23.005	23.197	23.389	23.718	24.106	24.562	25.001
Györ (Raab)	20.854	20.940	21.026	21.106	21.341	21.459	21.613	21.856
Komárom (Komorn)...	13.123	13.255	13.154	13.103	13.042	13.008	13.086	13.123
Székesfejérvár (Stuhlweissenburg)	24.852	25.118	25.384	25.650	25.784	25.978	26.221	26.437
Pécs (Fünfkirchen)...	27.720	28.130	28.540	28.950	29.501	30.042	30.560	31.132
Pozsony (Pressburg)...	47.711	47.844	47.977	48.110	48.400	48.739	49.116	49.580
Selmeczbánya(Schemnitz)	15.228	15.230	15.276	15.278	16.261	15.212	15.155	15.151
Kassa (Kaschau)	25.007	25.403	25·799	26.195	26.465	26.749	26.974	27.266
Temesvár	33.614	33.748	33.882	34.016	34.580	35.129	35·804	36.427
Kolozsvár (Klausenburg)	29.043	29.365	29.687	30.009	30.006	30.093	30.507	30.912
Maros-Vásárhely	12.656	12.730	12.824	12.955	13.027	13.105	13.285	13.457
Brassó (Kronstadt)....	—	—	—	—	29.786	29·937	30.107	30.292
Miskolcz	—	—	—	24.544	25.085	25.760	26.424	26.902
Jászberény	—	—	—	—	—	22.212	22.494	22.776
Czegléd	—	—	—	—	—	25.667	25.782	26.095
Nagy-Körös	—	—	—	—	—	23 229	23.472	23.782
Kecskemét	44.086	44.422	44.758	45.094	45.526	45.849	46.223	46.725
Félegyháza	—	—	—	—	—	—	—	26.798
Baja	18.990	19.093	19.199	19.302	19.397	19.415	19.424	19.522
Békéscsaba	—	—	—	32.697	32.860	33.022	—	33.447
Szabadka (Maria-Teresiopel)	60.708	61.166	61.624	62.082	63.038	64.025	65.412	66.900
Zombor	23.755	23.790	24.825	24.860	25.096	25.266	25.540	25.790
Ujvidék (Neusatz)	20·090	21·084	21.239	21.511	21.831	22.085	22.928	22.797
Szeged	73.191	73.509	73.827	74.145	74.995	75.992	77.373	78.643
Hódmezö-Vásárhely...	49.814	50.163	50.698	51.392	51.878	52.276	52.893	53.598
Makó	—	—	—	—	—	30.710	30.970	31.230
Békés	—	—	—	—	—	—	23.696	23.910
Nyiregyháza	—	—	—	—	24.830	25.121	25·412
Szatmár-Németi	19.321	19.444	19.576	19.690	19.662	19.727	19.904	20.059
Debreczen	49.921	50.476	50.931	51.386	51·983	52.542	53.163	53.789
Nagyvárad (Grosswardein)	30.948	31.187	31.426	31.665	32.271	33.013	33.789	34.469
Arad	35.075	35.332	35.589	35.846	36.354	36.921	37.651	38.301
Versecz	22.022	22.134	22.246	22.358	22 308	22.284	22.406	22.572
Pancsova	17.062	17.087	17.115	17.153	17.243	17.349	17.461	17.601

(auf die Mitte des Jahres berechnet).

1882: 390.616, 1883: 403.890, 1884: 417.152, 1885: 430.405, 1886: 443.658,
513,010, 1892: 526.263, 1893: 539.516, 1894: 552.769, 1895: 565.022.

Provinzstädte.

1886	1887	1888	1889	1890	1891	1892	1893	1894	1895
25.394	25.784	26.201	26.650	27.056	27.427	27.832	28.246	28.660	29.074
22.001	22.149	22.332	22.561	22.752	22.895	23.145	23.438	23.731	24.024
13.044	13.007	13.043	13.102	13.112	13.032	13.078	13.117	—	—
26.610	26.758	26.956	27.275	27.491	27.630	27.735	27 840	27.945	28.050
31.730	32.281	32.732	33·282	33.894	34.265	34.652	35.089	35.526	35·963
50.081	50.601	51.056	51.595	52.174	52.714	53.284	53.852	54.420	54.988
15.208	15.122	15.127	15.270	15.287	15.273	15.287	15.301	—	—
27.549	27.827	28.115	28.453	28.781	29.041	29.454	29.872	30.290	30·708
36.999	37.648	38.213	38.809	39.530	40·210	40·160	41.071	41.982	42.893
31.335	31.738	32.120	32.431	32.632	32.946	33.322	33.666	34.010	34.351
13.633	13.781	13.870	13.998	14.146	14.193	14.240	14.287	—	—
30.374	30.416	30.511	30.618	30.708	30.875	31.092	31.095	31.098	31.101
27.381	28.055	28.721	29.384	30.070	30.659	31.097	31.471	31.845	32.219
23.058	23.340	23.622	23.904	24.186	24.379	24.147	24.441	24.735	—
26.337	26.480	26.641	26.881	27.308	27.678	27.759	27.778	27.797	—
24.066	24.295	24.438	24.100	24.692	24.620	24.720	24.831	24.942	25.053
47.064	47.372	47.518	47.770	48.282	48.692	48.981	49.162	49.343	49.524
27.439	28.080	28.722	29.363	30.005	30.554	30.891	31.216	31.541	31.866
19.626	19.614	19.586	19.612	19.555	19.408	19.173	19.032	19.071	19.313
33.510	33.673	33.835	33.998	34.161	34.285	34.609	34.669	34.729	34.789
68.070	68.859	69.893	71.150	72.287	73.235	73.898	74.655	75.412	—
25.988	26.119	26.198	26.378	26.461	26.358	26.260	26.270	26.280	26.290
23.133	23.489	23.846	24.220	24.560	24.905	25.250	25.595	—	—
79.501	80.428	81.793	83.402	84.894	86.221	87.260	88.668	90.076	—
54.321	54.777	55.026	55.342	55.522	55.872	56.222	56.572	—	—
31.490	31.750	32.010	32.270	32.530	32.862	33.076	33.295	33.514	33.733
24.125	24.340	24.555	24.770	24·984	24.903	24.930	24.990	25.050	25.110
25.703	25.994	26.286	26·577	26.868	27.227	27.568	27.884	28.290	—
20.212	20.329	20.402	20.533	20.728	20.815	20.951	21 110	21.269	—
54.179	54.654	55.231	55.917	56.641	57.232	57.801	58.647	59.403	60.159
35.146	35.341	36.546	37.321	38.134	38.931	39.631	40.381	41.131	41.882
38.954	39.721	40.405	41·098	41.770	42.264	44.623	43.113	43.330	43.681
22.507	22.391	22.333	22.189	21.962	21.785	21.592	21.421	21.485	21.640
17.701	17.767	17.829	17.906	17.948	17.988	18.020	18 060	—	—

II. Absolute Jahresziffern, sowie Coëfficienten der Geburten und Sterbefälle.

Jahr	Lebendgeborene						Todtgeborene		Sterbefälle			Auf 1000 Einw.		Illeg. Gb. auf 100 L.-Gb.
	Legitim		Illegitim		Insgesammt				Männl.	Weibl.	Zus.	Lebendg.	Todesf.	
	Knab	M.	Knab	M.	Knab	M.	Zus.	Knab.	M.					
Sopron. (Oedenburg).														
1878	335	318	35	52	370	370	740	18	8	331	289	620	32·4	27·2	11·8
1879	354	324	36	56	390	380	770	14	7	330	325	655	33·5	28·5	11·9
1880	352	293	46	51	398	344	742	23	15	329	302	631	32·0	27·2	13·1
1881	316	325	55	62	371	387	758	4	6	323	365	688	32·5	29·4	15·4
1882	352	326	50	40	402	366	768	17	10	375	335	710	32·4	29·9	11·7
1883	317	313	43	46	360	359	719	10	5	295	287	582	29·8	24·1	12·4
1884	307	321	45	44	382	365	747	10	12	284	288	572	30·4	23·3	11·9
1885	318	311	34	31	352	342	694	8	10	295	278	573	27·8	22·9	9·4
1886	333	319	40	47	373	366	739	11	2	337	326	663	29·1	26·1	11·8
1887	346	342	30	41	376	383	759	5	8	336	297	633	29·4	24·5	9·4
1888	350	338	42	49	392	387	779	14	4	344	299	643	29·7	24·5	12·1
1889	351	328	31	45	382	373	755	15	3	295	295	590	28·3	22·1	10·1
1890	341	341	37	30	378	371	749	16	8	349	333	682	27·7	25·2	9·0
1891	441	378	49	55	490	433	923	19	11	426	333	760	33·7	27·7	11·3
1892	384	352	36	50	420	402	822	21	10	371	333	704	29·5	25·3	10·5
1893	416	366	38	40	454	406	860	25	19	388	293	681	30·4	24·1	9·1
1894	439	366	48	57	487	423	910	17	15	350	319	669	31·8	23·3	11·5
1895	468	398	47	44	515	442	957	24	18	386	329	715	32·9	24·6	9·5
Győr. (Raab).														
1878	316	290	61	57	377	347	724	—	3	398	347	745	34·7	35·7	16·3
1879	328	284	73	78	401	362	763	2	1	421	344	765	36·4	36·5	19·8
1880	307	282	76	58	383	340	723	—	2	427	338	765	34·4	36·4	18·5
1881	296	284	59	55	355	339	694	2	—	349	287	636	32·9	30·1	16·4
1882	310	295	60	64	370	359	729	7	—	318	354	702	34·2	32·9	17·0
1883	296	268	68	63	364	331	695	4	2	461	409	870	32·4	40·5	18·0
1884	332	318	62	55	394	373	767	1	3	364	306	670	35·5	31·0	15·3
1885	309	295	54	70	363	365	728	27	18	373	337	710	33·3	32·5	17·0
1886	341	293	49	60	390	353	743	18	29	477	373	850	33·8	33·6	14·7
1887	327	332	65	49	392	381	773	29	23	406	335	741	34·9	33·4	14·7
1888	293	267	77	65	370	332	702	21	15	392	327	719	31·4	32·2	20·2
1889	343	305	48	51	391	356	747	34	26	335	280	615	33·1	27·2	13·2
1890	304	294	54	64	358	358	716	11	6	416	383	799	31·5	35·1	16·5
1891	304	331	66	64	370	395	765	11	10	349	306	655	33·4	28·6	17·0
1892	327	300	57	53	384	353	737	6	9	332	334	666	31·8	28·8	14·9
1893	386	286	63	51	449	337	786	12	13	357	336	693	33·5	29·6	14·5
1894	348	347	57	49	405	396	801	11	7	299	322	621	33·7	26·2	13·2
1895	355	291	41	46	396	337	733	10	10	348	326	674	30·5	28·1	11·9
Komárom. (Komorn).														
1878	195	197	27	29	222	226	448	14	10	218	183	401	34·1	30·6	12·5
1879	199	177	34	21	233	198	431	12	9	248	254	502	32·5	37·9	12·8
1880	196	192	30	33	226	225	451	22	10	258	213	471	34·3	35·8	14·0
1881	189	183	36	22	225	205	430	16	14	242	188	430	32·8	32·8	13·5
1882	189	185	30	28	219	213	432	14	12	273	254	527	33·3	40·4	13·4
1883	217	216	36	20	253	236	489	13	15	242	192	434	37·6	33·4	11·5
1884	206	227	32	38	238	265	503	13	16	198	177	375	38·4	28·7	13·9
1885	201	165	26	35	227	200	427	15	13	217	236	453	32·5	34·5	14·3
1886	214	195	33	26	247	221	468	10	9	299	264	573	35·9	43·9	12·6
1887	196	192	25	30	221	222	443	8	11	226	160	386	34·0	29·7	12·4
1888	181	192	18	22	203	214	417	6	8	214	162	376	32·0	28·8	9·6
1889	209	175	23	26	232	201	433	11	10	164	164	328	33·0	25·0	11·3
1890	168	159	26	24	194	183	377	13	29	213	223	436	28·8	33·3	13·2
1891	215	184	31	35	246	209	455	14	13	278	246	524	34·9	40·2	12·3
1892	185	203	23	26	208	229	437	11	2	215	176	391	33·4	29·9	11·2
1893	192	200	17	25	209	225	434	14	5	204	191	395	33·1	30·1	9·7

Jahr	Lebendgeborene						Todtgeborene		Sterbefälle			Auf 100 Einw.		Illeg. Gb. auf 100 l. Gb.
	Legitim		Illegitim		Insgesammt				Männl.	Weibl.	Zus	Lebendg.	Todesf.	
	Knab.	M.	Knab.	M.	Knab.	M.	Knab.	M.						
Székesfejérvár. (Stuhlweissenburg).														
1878	464	454	52	48	516	502	1018	1	1	483	421	904	41·0 36·4	9·8
1879	483	449	58	67	541	516	1057	4	7	456	411	867	42·1 34·5	11·8
1880	491	427	62	40	553	467	1020	23	17	396	331	727	40·2 28·6	10·0
1881	429	417	36	58	465	475	940	24	19	485	418	903	36·6 35·2	10·0
1882	474	400	68	59	542	459	1001	22	13	438	390	828	38·8 32·1	12·7
1883	419	382	39	65	458	447	905	28	11	423	366	789	35·7 30·4	11·5
1884	471	447	62	54	533	501	1034	29	21	417	385	802	39·4 30·6	11·2
1885	423	382	54	40	477	422	899	24	14	446	372	818	34·0 30·9	10·5
1886	444	423	36	49	480	472	952	24	13	408	374	782	35·8 29·4	8·9
1887	385	371	51	53	436	424	860	17	17	421	383	804	32·1 30·0	12·1
1888	490	463	46	59	536	522	1058	15	16	356	294	650	39·2 24·1	9·9
1889	455	417	42	33	497	450	947	18	13	·302	291	593	34·7 21·7	7·9
1890	439	389	40	58	479	447	926	23	18	370	371	741	33·7 26·9	10·6
1891	453	437	40	36	493	473	966	34	10	388	423	811	34·9 29·3	7·9
1892	460	394	43	48	503	442	945	18	22	473	418	891	34·1 32·1	9·6
1893	448	392	42	39	490	431	921	24	19	402	344	746	33·1 26·8	8·8
1894	456	454	37	43	492	498	990	32	20	338	341	679	35·4 24·3	8·1
1895	474	485	49	37	523	522	1045	30	22	381	358	739	37·3 26·3	8·2
Pécs. (Fünfkirchen.)														
1878	429	361	54	28	483	389	872	8	8	549	428	977	31·5 35·2	9·4
1879	381	364	60	49	441	413	854	3	2	526	399	925	30·3 32·9	12·8
1880	410	363	79	76	489	439	928	4	3	622	433	1055	32·5 37·0	16·7
1881	396	415	81	60	477	475	952	43	27	473	417	890	32·9 30·7	14·8
1882	461	412	64	61	525	473	998	37	21	477	354	831	33·8 28·2	12·5
1883	410	379	61	78	471	457	928	51	36	491	392	883	30·9 29·4	15·0
1884	458	410	83	80	541	490	1031	45	39	495	412	907	33·7 29·7	15·8
1885	475	448	69	91	544	539	1083	52	38	475	407	882	34·8 28·3	14·8
1886	458	463	106	86	564	549	1113	42	33	513	402	915	35·1 28·8	17·2
1887	454	413	78	71	532	484	1016	55	35	564	422	986	31·5 30·5	14·6
1888	463	420	92	82	555	502	1057	55	39	594	435	1029	32·3 31·4	16·4
1889	518	435	78	93	596	528	1124	54	39	475	355	830	33·8 24·9	15·2
1890	424	406	102	77	526	483	1009	49	30	512	471	983	29·8 29·0	17·7
1891	482	457	104	75	586	532	1118	66	49	661	555	1216	32·6 35·5	16·0
1892	455	471	99	97	554	568	1122	58	28	621	620	1241	32·4 35·8	17·5
1893	514	496	91	83	605	579	1184	50	37	614	566	1180	33·7 33·6	14·7
1894	510	513	112	82	622	595	1217	64	30	567	542	1109	34·2 31·2	15·9
1895	557	491	96	112	653	604	1257	58	39	646	540	1186	34·9 32·9	16·6
Pozsony. (Pressburg.)														
1878	683	589	176	181	859	770	1629	3	19	986	881	1867	34·1 39·1	21·9
1879	694	674	185	178	879	852	1731	31	23	1000	853	1853	36·2 38·7	21·0
1880	650	634	183	183	833	817	1650	18	9	1018	953	1971	34·4 41·1	22·2
1881	624	576	184	190	808	766	1574	48	30	1040	902	1942	32·7 40·4	23·8
1882	625	587	212	205	837	792	1629	30	28	933	913	1846	33·6 38·1	25·6
1883	619	620	195	194	814	814	1628	28	26	980	911	1891	33·4 38·8	23·8
1884	668	618	240	211	908	829	1737	33	19	974	923	1897	35·4 38·6	26·0
1885	615	626	210	185	825	811	1636	19	19	880	853	1733	33·0 35·0	24·1
1886	702	619	232	200	934	819	1753	22	30	920	849	1769	35·0 35·3	24·6
1887	652	642	243	212	895	854	1749	39	30	961	887	1848	34·6 36·5	26·0
1888	648	614	200	212	818	826	1674	37	36	936	947	1883	32·8 36·9	23·4
1889	656	619	255	255	911	874	1785	22	24	834	786	1620	34·6 31·4	28·6
1890	643	654	223	188	866	842	1708	37	11	859	914	1773	32·7 33·9	24·1
1891	750	690	217	249	967	939	1906	46	43	981	941	1922	36·2 36·5	24·4
1892	736	701	214	184	950	885	1835	38	42	863	884	1747	34·4 32·8	21·7
1893	774	727	225	220	999	947	1946	54	33	962	1006	1968	36·1 36·5	23·4
1894	759	703	197	195	956	898	1854	44	41	903	866	1769	34·1 32·5	21·1
1895	758	775	173	184	931	959	1890	46	38	913	908	1821	34·3 33·1	18·1

Jahr	Lebendgeborene						Todt-geborene		Sterbefälle			Anf 1000 Einw.		
	Legitim		Illegitim		Insgesammt				Männl.	Weibl.	Zus.	Lebendg.	Todesf.	Illeg. Gb. auf 100 l. Gb.
	Knab.	M.	Knab.	M.	Knab.	M.	Zus.	Knab. M.						

Selmeczbánya. (Schemnitz.)

1878	275	233	24	35	299	268	567	9	8	324	296	620	37·2 40·7	10·4
1879	247	263	12	19	259	282	541	11	8	272	195	467	35·5 30·6	5·8
1880	269	283	17	20	286	303	589	2	8	291	271	562	38·5 36·8	5·3
1881	284	254	9	8	293	262	555	5	5	274	215	489	36·3 32·0	3·1
1882	255	240	23	25	278	265	543	4	6	265	294	559	35·6 36·6	8·8
1883	285	248	29	23	314	271	585	5	5	314	280	594	38 5 39·0	8 9
1884	306	268	17	29	323	297	620	6	12	314	331	645	40·9 42·5	7·4
1885	289	274	23	26	312	300	612	8	10	271	245	516	40·4 34·0	8·0
1886	269	263	18	30	287	293	580	10	15	269	214	483	38·1 31·8	8·3
1887	254	262	27	20	281	282	563	8	8	281	272	553	37·2 36·5	8·3
1888	271	234	24	19	295	253	548	17	12	252	217	469	36·2 31·0	7·8
1889	278	225	15	19	293	244	537	21	14	231	220	451	35 2 29·5	6·3
1890	245	241	27	24	272	265	537	8	6	259	252	511	35·2 33·4	9·5
1891	257	255	16	21	273	276	549	13	8	200	241	441	35 9 28 9	6·7
1892	259	206	29	33	288	239	527	13	10	277	260	537	34·5 35·1	11·8
1893	253	278	25	26	278	304	582	12	12	292	237	529	38 0 34·6	8·7

Kassa. (Kaschau.)

1878	385	348	88	81	473	429	902	36	21	485	385	870	36·1 34·8	18·7
1879	449	404	105	101	554	508	1062	23	33	466	453	919	41·8 36·2	19·7
1880	393	377	113	78	496	455	951	32	19	495	462	957	36·9 37·1	20·1
1881	417	374	106	105	523	479	1002	16	22	569	500	1069	38·3 40·8	21·1
1882	419	402	96	111	515	513	1028	16	12	512	430	942	38 8 35·6	20·1
1883	411	402	112	110	523	512	1035	12	11	556	498	1054	38·7 39·4	21·4
1884	424	399	111	96	535	495	1030	12	6	551	495	1046	38·2 38·8	20·1
1885	465	428	114	97	579	525	1104	16	10	548	444	992	40 5 36·4	19·1
1886	454	462	102	119	556	581	1137	17	6	610	545	1155	41·3 41·9	19·4
1887	450	410	86	106	536	516	1052	28	28	515	450	965	37·6 34·7	18·2
1888	419	416	98	106	517	522	1039	19	31	550	494	1044	36·9 37·1	19·6
1889	473	442	112	142	585	584	1169	10	14	520	455	975	41·1 34·3	21 7
1890	450	464	112	112	562	576	1138	42	27	579	561	1140	39 5 39 6	19·7
1891	464	452	109	129	573	581	1154	27	21	510	506	1016	39·7 36·0	20·6
1892	453	440	130	119	583	559	1142	?	?	426	440	866	30·8 29 4	21·8
1893	484	449	112	112	596	561	1157	12	2	479	450	929	38·8 31·1	19·4
1894	499	466	124	122	623	588	1211	6	4	514	544	1058	39 0 34·9	20·3
1895	530	513	128	122	658	635	1293	10	3	492	517	1009	42·1 32·9	19·3

Temesvár.

1878	446	407	132	148	578	555	1133	9	3	724	704	1428	33·7 42·5	24·7
1879	327	289	110	87	437	376	813	8	14	546	371	917	24·1 27·2	24·2
1880	457	456	135	128	592	584	1176	20	10	738	584	1322	34·7 39·0	22·4
1881	436	421	164	148	600	569	1169	28	23	685	513	1198	34·4 35 2	26·7
1882	501	429	147	155	648	584	1232	28	23	722	597	1319	35·6 38 2	24·1
1883	547	460	171	166	718	626	1345	40	31	675	598	1273	38·3 36·2	25·1
1884	520	504	171	187	691	691	1382	34	33	615	541	1156	38·6 32·3	25·9
1885	503	481	184	186	687	667	1354	32	31	753	669	1422	37·2 89·0	27·3
1886	539	485	2 2	198	741	683	1424	26	23	720	605	1325	38·5 35·8	28 1
1887	484	500	178	198	662	698	1360	42	22	658	593	1251	36·1 33·2	27·6
1888	496	458	170	189	666	657	1323	35	17	790	685	1475	34·6 38·6	27·1
1889	552	502	182	178	734	660	1394	44	26	672	570	1242	35·9 32·0	24·4
1890	487	490	159	159	646	649	1295	36	17	702	564	1266	32·8 32·0	24·6
1891	518	470	131	138	649	608	1252	25	27	708	569	1277	31·2 31·8	21·4
1892	413	404	137	111	550	518	1068	23	20	789	705	1494	26·6 37·3	23·5
1893	500	479	137	136	637	615	125	31	17	703	647	1350	30·5 32·9	21·8
1894	497	401	148	140	645	541	1186	27	13	617	562	1161	28·2 27·7	24 3
1895	590	535	138	154	728	709	1437	33	18	662	545	1207	33·5 28·1	20 3

Jahr	Lebendgeborene				Todt-geborene		Sterbefälle			Auf 1001 Einw.		Illeg. Gb. auf 100 l. Geb.
	Legitim		Illegitim		Insgesammt							
	Knab.	M.	Knab.	M.	Knab.	M,	Zus.	Knab.	M.	Männl.	Weibl.	Zus.	Lebendg.	Todesf.	

Kolozsvár. (Klausenburg.)

1878	350	336	102	108	452	444	896	50	43	585	598	1185	30·8	40·7	23·4
1879	383	400	138	94	521	494	1015	49	28	515	498	1013	34·5	34·7	22·8
1880	475	435	128	139	603	574	1177	—	—	576	518	1094	39·7	36·9	22·6
1881	449	472	101	117	550	589	1139	5	2	599	518	1117	37·9	37·2	19·1
1882	459	422	125	119	584	541	1125	2	—	734	719	1453	37·5	48·4	21·7
1883	433	444	111	115	544	559	1103	—	—	504	397	901	36·7	29·9	20·5
1884	484	471	136	133	620	604	1224	7	—	482	418	900	40·1	29·5	22·0
1885	447	468	128	134	575	602	1177	27	31	521	529	1050	38·1	34·0	22·3
1886	498	482	110	100	608	582	1190	43	37	456	423	879	38·0	28·1	17·6
1887	475	441	105	103	580	544	1124	29	25	525	549	1074	35·4	33·8	18·5
1888	490	467	129	92	619	559	1178	38	28	483	444	932	36·7	29·0	18·8
1889	451	435	122	143	573	578	1151	47	27	601	530	1131	35·5	34·8	23·0
1890	497	438	137	105	634	543	1177	41	27	618	502	1120	36·1	34·0	20·6
1891	507	475	151	128	658	603	1261	40	31	570	460	1020	38·3	31·3	22·1
1892	501	443	121	104	622	547	1169	32	32	487	461	948	35·1	28·4	19·2
1893	535	487	112	117	647	604	1251	47	35	600	485	1085	37·2	32·2	18·3
1894	513	480	113	115	626	595	1221	60	47	531	503	1034	35·9	30·4	18·7
1895	680	618	131	111	811	729	1540	62	51	585	512	1097	44·8	31·9	15·7

Maros-Vásárhely.

1878	184	183	12	13	196	196	392	5	5	235	177	412	31·0	32·6	6·4
1879	171	163	19	22	190	185	375	2	—	230	184	414	29·5	32·5	10·9
1880	171	185	19	14	190	199	389	12	4	205	160	365	30·3	28·5	8·5
1881	199	186	21	28	220	204	424	3	10	210	180	390	32·7	30·1	9·2
1882	203	189	25	19	228	208	436	10	6	303	242	545	33·5	41·1	10·1
1883	180	199	25	29	205	228	433	6	5	223	163	386	33·0	29·5	12·5
1884	169	204	31	24	200	228	428	3	8	193	141	334	32·2	25·1	12·9
1885	187	185	29	26	216	211	427	5	7	210	187	397	31·7	29·5	12·9
1886	214	212	36	35	250	247	497	4	6	216	178	394	36·5	28·9	14·3
1887	183	172	32	47	215	219	434	3	3	230	229	459	31·5	33·3	18·3
1888	175	147	24	30	199	177	376	4	4	222	171	393	27·1	28·3	14·4
1889	172	176	41	27	213	203	416	7	2	214	149	363	29·7	25·9	16·3
1890	183	185	26	32	209	217	426	6	4	208	196	404	30·1	28·6	13·6
1891	178	184	36	26	214	210	424	3	—	232	206	438	29·9	30·9	14·6
1892	204	198	31	36	235	234	469	6	6	238	164	402	32·9	28·9	14·3
1893	198	163	18	29	216	192	408	11	6	193	149	342	28·5	23·9	11·6

Brassó (Kronstadt).

1882	—	—	—	—	—	—	—	32	22	368	351	719	—	24·1	—
1883	454	475	32	38	486	513	999	37	16	427	355	782	33·4	26·1	7·0
1884	495	459	33	36	528	495	1023	31	13	372	383	755	34·0	25·1	6·7
1885	539	407	22	31	561	438	999	27	17	404	349	753	33·0	24·9	5·3
1886	425	394	37	36	462	430	892	20	19	432	403	835	29·4	27·5	8·2
1887	462	444	37	19	499	463	962	39	36	431	366	797	31·6	26·2	5·8
1888	469	417	28	19	497	436	933	19	28	395	370	765	30·6	25·1	5·1
1889	465	379	22	22	487	401	888	27	17	380	318	698	29·0	22·4	5·0
1890	476	422	20	37	496	459	955	28	15	452	366	818	31·1	26·6	6·1
1891	474	438	27	27	501	465	966	13	20	373	315	688	31·3	22·3	5·6
1892	406	436	22	29	428	465	893	27	13	419	351	770	28·7	24·8	5·7
1893	423	401	19	25	442	429	871	27	19	415	338	753	28·0	24·2	5·1
1894	431	387	21	33	452	420	872	22	18	426	366	792	28·0	25·5	6·2
1895	473	429	26	30	499	459	958	22	27	380	326	706	30·8	22·7	5·8

II.

Jahr	Lebendgeborene Legitim Knab. | M.	Lebendgeborene Illegitim Knab. | M.	Lebendgeborene Insgesammt Knab. | M. | Zus	Todtgeborene Kn. | M.	Sterbefälle Männl. | Weibl. | Zus.	Auf 1000 Einw. Lebendg. | Todes-	Illeg. Gb. auf 100 l. Gb.

Budapest.

1878	4466 4309	2088 2016	6554	6325 12879	343 299	7008 5866 12874	38·6 38·6	31·9
1879	4471 4324	2199 2086	6670	6410 13080	323 296	6530 5609 12139	37·4 34·7	32·8
1880	4537 4408	2170 2241	6707	6649 13356	317 277	6752 5560 12312	36·5 33·6	33·0
1881	4622 4322	2182 2067	6804	6389 13193	398 327	7128 5927 13055	34·9 34·5	32·2
1882	4850 4697	2334 2166	7184	6863 14047	402 312	7000 5885 12885	35·9 32·9	32·0
1883	4999 4720	2282 2221	7281	6941 14222	410 355	6793 5507 12300	35·2 30·5	31·7
1884	5139 4922	2292 2204	7431	7126 14557	433 347	6871 5880 12751	34·9 30·6	30·9
1885	5464 5230	2425 2280	7889	7510 15399	444 339	6938 5720 12658	35·8 29·4	30·5
1886	5663 5313	2399 2263	8062	7576 15638	452 396	9092 7632 16724	35 2 37·7	29·8
1887	5892 5752	2317 2306	8209	8058 16267	501 417	7600 6254 13854	35·6 30·3	28·4
1888	5959 5751	2368 2413	8327	8164 16491	460 409	7722 6299 14021	35·1 29·8	29·0
1889	6342 6169	2485 2287	8827	8456 17283	446 349	7163 6178 13341	35·8 27·6	27·6
1890	6217 5900	2460 2409	8677	8309 16986	405 348	7741 6765 14506	34·2 29·2	28·9
1891	6817 6459	2685 2566	9502	9025 18527	515 410	7869 6466 14335	37·0 27·9	28·3
1892	6708 6525	2643 2521	9351	9046 18397	532 433	8019 6713 14732	35·7 28·0	28·1
1893	7216 6948	2894 2778	10110	9726 19836	455 406	7770 6689 14459	36·8 26·8	28·6
1894	7650 7066	2942 2817	10502	9883 20385	572 450	7316 6195 13511	36·9 24·4	28·2
1895	7887 7424	2919 2890	10806	10314 21120	558 496	8018 6689 14707	37·3 26·0	27·5

Miskolcz.

1881	383 353	99 79	482	432 914	11 14	418 450 868	37·2 35·3	19·5
1882	399 380	98 98	497	478 975	8 8	350 391 741	38·9 29·5	20·1
1883	400 302	121 117	521	509 1030	9 13	337 396 733	40·0 28·5	23·1
1884	435 430	139 111	574	541 1115	12 15	433 435 868	42·2 32·8	22·4
1885	412 398	113 102	525	500 1025	18 18	561 556 1117	38·1 41·5	21·9
1886	473 411	133 132	606	543 1149	30 20	428 475 903	41·9 33·0	23·0
1887	446 455	101 137	547	592 1139	30 20	419 420 839	40·6 29·9	20·9
1888	436 412	104 124	540	536 1076	24 27	403 444 847	37·5 29·5	21·2
1889	495 445	115 121	610	566 1176	36 34	422 460 882	40·0 30·0	20·1
1890	436 429	98 115	534	544 1078	37 33	437 399 834	34·9 27·7	19·8
1891	486 484	103 133	589	617 1206	34 28	566 542 1108	39·3 36·1	19·8
1892	444 454	123 128	567	582 1149	38 25	570 589 1159	36·9 37·3	21·8
1893	519 484	116 126	635	610 1245	52 24	411 459 870	39·6 27·6	19·4
1894	536 493	121 119	657	612 1269	43 33	470 452 922	39·9 28·9	18·9
1895	509 507	155 105	754	612 1366	36 35	442 401 843	42·4 26·2	19·0

Jászberény.

1883	574 483	21 21	595	507 1102	18 10	376 329 705	49·6 31·7	4·1
1884	561 455	16 22	577	477 1054	16 11	405 363 768	46·9 34·1	3·6
1885	561 540	12 21	573	561 1134	20 12	421 410 831	49·8 36·5	2·9
1886	541 513	14 17	555	530 1085	11 9	481 476 957	43·3 38·2	2·9
1887	527 468	17 20	544	488 1032	16 15	506 452 958	44·2 38·2	3·6
1888	558 454	13 18	571	472 1043	17 15	425 387 812	44·1 34·4	3·0
1889	574 459	17 14	591	473 1064	10 11	352 309 661	44·5 27·7	2·9
1890	551 448	14 22	565	470 1035	11 18	407 391 798	42·8 33·0	3·5
1891	524 488	14 15	538	503 1041	17 10	433 415 848	42·7 34·8	2·8
1892	493 482	16 22	508	504 1013	14 16	662 583 1245	41·9 51·6	3·8
1893	560 545	17 20	577	565 1142	18 18	422 426 848	46·7 34·7	3·2
1894	513 474	27 22	540	496 1036	14 16	502 495 997	41·9 40·3	4·7

Jahr	Lebendgeborene							Todt-geborene		Sterbefälle			Auf 1000 Einw.		Illeg. Gb. auf 100 l. Gb.
	Legitim		Illegitim		Insgesammt				Männl.	Weibl.	Zus.	Lebendg.	Todesf.	
	Knab	M.	Knab	M.	Knab	M.	Knab	M.						

Czegléd.

1883	598	538	39	39	637	577	1214	33	38	—	—	899	47·4	35·2	6·4
1884	508	556	32	30	540	586	1126	29	26	—	—	879	43·7	34·1	5·5
1885	589	545	36	43	625	588	1213	31	22	377	383	760	46·5	29·1	6·5
1886	554	500	30	28	584	528	1112	36	21	462	441	903	42·2	34·3	5·2
1887	580	524	30	32	610	556	1166	33	21	478	431	909	44·0	34·3	5·3
1888	515	512	25	24	540	536	1076	38	16	416	416	832	40·4	31·2	4·6
1889	538	568	29	25	567	593	1160	53	28	384	362	746	43·2	27·8	4·6
1890	529	459	24	23	553	482	1035	31	30	430	416	846	37·9	31·0	4·5
1891	553	590	30	37	583	627	1210	30	31	465	397	862	43·7	31·1	5·5
1892	523	506	30	36	553	542	1095	28	22	556	544	1100	39·4	39·6	6·0
1893	548	530	10	11	558	541	1099	23	11	467	409	876	39·6	31·5	1·9
1894	555	538	13	9	568	547	1115	21	11	402	435	837	40·1	30·1	2·0

Nagy-Kőrös.

1883	380	363	56	49	436	412	848	28	29	355	293	648	36·5	27·9	12·4
1884	402	373	54	46	456	419	875	35	25	303	279	582	37·3	24·8	11·4
1885	442	430	60	66	502	496	998	39	27	314	350	664	42·0	27·9	12·6
1886	390	396	45	37	435	433	868	34	18	376	327	703	36·1	29·2	9·4
1887	392	388	64	40	456	428	884	36	26	334	335	669	36·4	27·5	11·8
1888	374	400	48	46	422	446	868	34	28	398	393	791	35·5	32·4	10·8
1889	418	380	48	29	466	409	875	35	17	312	313	625	35·5	25·9	8·8
1890	335	290	24	28	359	318	677	2	—	369	371	740	27·4	30·0	7·7
1891	394	343	54	45	449	388	837	35	18	396	368	764	34·0	31·0	11·9
1892	386	341	47	36	433	377	810	21	19	350	334	687	32·8	27·7	10·2
1893	374	394	45	45	419	439	858	34	33	354	318	672	34·5	27·1	10·5
1894	390	358	43	48	433	406	839	44	22	361	305	666	33·6	26·7	10·3
1895	379	374	40	56	419	430	849	31	27	328	368	696	33·9	27·8	11·8

Kecskemét.

1878	971	879	89	81	1060	960	2020	40	40	872	819	1691	45·8	38·3	8·4
1879	896	911	98	92	994	1003	1997	44	36	992	867	1859	45·0	41·8	9·0
1880	909	918	81	99	990	1017	2007	57	38	910	826	1736	44·8	38·6	9·0
1881	940	838	108	100	1048	938	1986	49	50	728	673	1401	44·0	31·1	10·5
1882	951	878	90	97	1041	975	2016	61	35	809	725	1534	44·3	33·7	9·2
1883	944	919	101	95	1045	1014	2059	44	35	935	871	1806	44·9	39·4	9·5
1884	963	991	93	92	1056	1083	2139	49	37	798	737	1535	46·3	34·5	8·6
1885	1000	908	84	87	1084	995	2079	68	37	735	712	1447	44·5	31·0	8·2
1886	1050	1000	87	81	1137	1081	2218	59	36	899	857	1756	47·1	37·3	7·6
1887	1009	961	89	73	1098	1034	2132	58	56	815	758	1573	45·0	33·2	7·6
1888	971	947	85	87	1056	1034	2090	41	50	1034	967	2001	44·0	42·1	8·2
1889	975	901	68	83	1043	984	2027	63	44	627	655	1282	42·4	26·8	7·4
1890	995	942	83	86	1078	1028	2106	35	31	751	714	1465	43·6	30·3	8·0
1891	981	962	88	68	1069	1030	2099	25	30	773	756	1529	43·1	31·4	7·4
1892	935	887	85	89	1020	976	1996	63	30	817	829	1646	40·8	33·6	8·7
1893	923	872	82	83	1005	955	1960	25	22	819	787	1606	39·9	32·7	8·4
1894	953	983	101	85	1054	1068	2122	32	16	741	709	1450	43·0	29·4	8·8
1895	975	890	76	93	1051	982	2033	33	12	839	844	1683	41·1	33·9	8·2

Jahr	Lebendgeborene				Todt-geborene	Sterbefälle			Auf 1000 Einw		Illeg. Geb. auf 100 l. Gb.
	Legitim	Illegitim	Insgesammt			Männl.	Weibl.	Zus.	Lebend.	Todesf.	
	Knab M.	Knab M.	Knab M.	Zus.	Knab M.						

Baja.

1878	329 333	31 33	360 366	726	2 1	314 200	614	8·2 32·3	8·8
1879	352 315	46 49	398 364	762	5 —	378 348	726	9·9 38·0	12·5
1880	351 291	42 34	393 325	718	1 —	364 312	676	37·4 35·2	10·6
1881	335 305	32 37	367 342	709	3 5	275 242	517	36·7 26·8	9·7
1882	338 287	46 43	384 330	714	1 —	294 275	569	36·8 29·3	12·5
1883	311 287	44 47	355 334	689	22 12	347 286	633	36·5 32·6	13·2
1884	310 295	52 43	362 338	700	27 17	301 272	573	36·0 29·5	13·6
1885	327 301	47 42	374 343	717	31 21	270 217	487	36·7 24·9	12·4
1886	309 290	43 40	352 330	682	32 20	275 273	548	34·7 27·9	12·1
1887	297 295	37 47	334 332	666	16 16	353 314	667	34·0 34·0	12·6
1888	259 284	35 34	294 318	612	12 7	256 244	500	31·2 25·5	11·3
1889	312 274	44 42	356 316	672	20 27	299 249	548	34·2 27·9	12·8
1890	303 256	46 45	349 301	650	19 14	335 368	703	33·2 35·9	14·8
1891	287 292	45 37	332 329	651	28 16	326 311	637	34·1 32·8	12·4
1892	295 261	26 27	321 288	609	17 18	434 413	847	31·8 44·2	8·7
1893	302 293	38 30	340 323	663	10 14	277 274	551	34·8 28·9	10·3
1894	303 256	30 22	333 278	611	14 10	275 297	572	32·0 29·9	8·5
1895	295 255	27 23	322 278	600	19 10	231 227	458	31·2 23·8	8·3

Békés-Csaba.

1881	1020 1021	31 21	1051 1042	2093	35 11	834 739	1573	64·0 48·1	2·5
1882	857 821	19 26	876 847	1723	25 21	701 613	1314	52·4 40·0	2·6
1883	897 773	17 21	914 794	1708	33 18	493 422	920	51·7 27·9	2·2
1885	809 810	23 17	832 827	1659	32 31	536 498	1034	49·7 31·0	2·4
1886	865 758	23 26	888 784	1672	31 19	516 541	1057	49·9 31·5	2·9
1887	773 768	19 19	792 787	1579	27 24	802 816	1648	46·9 48·9	2·4
1888	831 796	17 10	848 806	1654	30 23	648 653	1301	48·9 38·5	1·6
1889	802 738	31 25	833 763	1596	29 15	557 591	1148	46·9 33·8	3·5
1890	792 732	30 24	822 756	1578	31 19	502 569	1871	46·2 31·1	3·4
1891	776 677	31 27	807 704	1511	26 16	705 682	1387	44·1 40·5	3·8
1892	828 799	21 14	849 813	1662	29 15	674 664	1338	48·0 38·7	2·1
1893	734 714	20 21	754 735	1489	30 18	734 695	1429	42·9 21·2	2·7
1894	751 732	15 26	766 758	1524	23 25	521 537	1058	43·9 30·5	2·7
1895	752 721	22 23	774 774	1548	27 23	562 630	1192	43·6 34·3	3·0

Szabadka (Maria-Teresiopel).

1878	1409 1332	55 58	1464 1390	2854	5 6	1239 1231	2470	47·0 40·7	4·0
1879	1479 1405	47 52	1526 1457	2983	6 2	1207 1154	2361	48·7 38·6	3·3
1880	1522 1485	56 44	1578 1529	3107	3 4	1341 1306	2647	50·4 43·0	3·2
1881	1310 1297	48 56	1358 1353	2711	5 4	899 848	1747	43·7 28·1	3·8
1882	1399 1365	56 63	1455 1428	2883	9 5	1451 1339	2790	45·7 44·3	4·1
1883	1424 1378	42 61	1466 1439	2905	8 8	991 903	1894	45·4 29·5	3·6
1884	1491 1384	67 64	1558 1445	3003	8 9	972 987	1959	45·9 29·9	4·3
1885	1503 1455	80 60	1583 1518	3101	20 13	922 800	1722	46·4 25·7	4·5
1886	1419 1389	79 78	1498 1467	2965	13 21	1344 1343	2687	43·5 39·5	5·3
1887	1699 1707	95 79	1794 1786	3580	5 1	1170 1140	2310	52·0 33·5	4·9
1888	1554 1452	78 90	1632 1542	3174	9 8	1120 1104	2224	45·4 31·8	5·3
1889	1605 1553	89 75	1694 1628	3322	20 26	1077 957	2034	46·7 28·6	4·9
1890	1542 1445	89 83	1636 1528	3164	30 31	1205 1198	2403	43·8 33·2	5·4
1891	1412 1433	111 100	1523 1533	3056	52 26	1221 1208	2429	41·7 33·2	6·9
1892	1463 1437	98 101	1561 1538	3099	42 30	1646 1494	3140	41·9 42·5	6·4
1893	1597 1458	132 86	1729 1544	3273	31 22	1321 1137	2458	43·8 32·9	6·7
1894	1533 1154	114 81	1647 1535	3182	60 36	1469 1375	2844	42·2 37·7	6·1

II.

Jahr	Lebendgeborene				Todt-geborene		Sterbefälle			Auf 1000 Einw.		Illeg. Gb. auf 100 l. Gb.
	Legitim	Illegitim	Insgesammt									
	Knab. M.	Knab. M.	Knab. M.	Zus.	Knab. M.	Männl.	Weibl.	Zus.	Lebend.	Todesf.		

Zombor.

1878	491	504	57	48	548	552	1100	4	4	428	351	779	16·3	32·8	9·5
1879	456	493	56	42	512	535	1047	10	5	445	360	805	44·0	33·8	9·4
1880	458	491	49	50	507	541	1048	21	12	463	405	868	42·2	35·0	9·4
1881	461	440	41	36	502	476	978	18	13	334	324	658	39·3	26·5	8·0
1882	428	415	39	43	467	458	925	16	16	440	401	841	36·8	33·5	8·9
1883	459	410	36	46	495	456	951	27	16	423	369	792	37·6	31·3	8·6
1884	486	461	52	34	538	495	1033	14	23	387	335	722	10·4	28·2	8·3
1885	424	437	41	44	465	481	946	21	10	427	400	827	36·7	32·1	8·9
1886	436	427	43	33	479	460	939	32	21	346	360	706	36·2	27·2	8·1
1887	436	431	37	44	473	475	948	29	20	451	429	880	36·3	33·7	8·5
1888	439	414	34	42	473	456	929	25	21	397	357	764	35·5	29·2	8·2
1889	447	391	30	41	477	432	909	28	29	353	299	652	34·5	24·7	7·8
1890	384	369	32	32	416	401	817	33	29	424	434	858	30·9	32·4	7·8
1891	417	378	37	46	454	424	878	27	25	508	490	998	33·3	37·8	9·5
1892	387	366	31	29	418	395	813	19	24	492	479	971	31·0	37·0	7·4
1893	405	404	36	25	441	429	870	29	21	359	364	723	33·1	27·5	7·0
1894	393	368	28	33	421	401	822	26	21	373	341	714	31·3	27·2	7·4
1895	427	380	28	29	455	409	864	35	19	366	337	703	32·9	26·7	6·6

Ujvidék (Neusatz.)

1878	342	344	35	46	377	390	767	9	6	342	297	639	37·1	30·9	10·6
1879	384	367	46	39	430	406	836	27	17	434	346	780	39·7	37·0	10·2
1880	395	397	42	29	437	426	863	29	19	451	339	790	10·6	37·2	8·2
1881	396	379	65	45	461	424	885	12	19	358	292	650	41·1	30·2	12·4
1882	405	362	50	62	455	424	879	14	9	424	323	747	40·3	34·2	12·7
1883	410	389	54	56	464	445	909	12	14	414	393	807	41·2	36·5	12·1
1884	437	381	65	51	502	432	934	29	10	342	282	624	40·7	27·2	12·4
1885	408	383	51	32	459	415	874	25	17	396	325	721	38·3	31·7	9·5
1886	411	405	55	48	466	453	919	21	18	356	318	674	39·7	29·1	11·2
1887	464	415	38	57	502	472	974	31	27	415	365	780	41·5	33·2	9·8
1888	430	410	44	37	474	447	921	29	21	354	322	676	38·6	28·3	9·1
1889	443	438	44	49	487	487	974	41	20	378	366	744	40·2	30·7	9·5
1890	456	391	37	41	493	432	925	27	28	364	386	750	37·7	30·5	8·4
1891	429	455	45	46	474	501	975	30	21	454	382	836	39·1	33·6	9·3
1892	428	371	40	29	468	400	868	32	21	539	490	1029	34·4	40·8	7·9
1893	459	423	45	41	504	464	968	35	21	396	373	769	37·8	30·0	8·9

Szeged.

1878	1528	1365	92	87	1620	1452	3072	28	14	1282	1068	2350	42·0	32·1	5·8
1879	1507	1366	42	37	1549	1403	2952	92	41	1514	1407	2921	40·1	39·7	2·7
1880	1544	1428	89	75	1633	1503	3136	8	9	1534	1250	2784	42·5	37·7	5·2
1881	1369	1262	32	45	1401	1307	2708	34	37	1169	966	2135	36·5	28·7	2·8
1882	1443	1267	86	106	1529	1373	2902	40	33	1030	1019	2049	38·7	27·3	6·6
1883	1630	1454	116	87	1746	1541	3287	54	48	1209	989	2198	43·3	28·9	6·2
1884	1564	1473	108	96	1672	1569	3241	56	40	1107	1002	2109	41·9	27·3	6·3
1885	1444	1448	130	123	1574	1571	3145	49	54	1303	1220	2523	40·0	32·1	8·0
1886	1498	1413	150	125	1648	1538	3186	43	48	1504	1383	2887	40·1	36·3	8·6
1887	1622	1535	134	143	1756	1678	3434	44	38	1240	1102	2342	42·7	29·1	8·1
1888	1600	1570	142	114	1742	1684	3426	63	49	1071	971	2042	41·9	24·9	7·5
1889	1475	1339	144	136	1619	1475	3094	62	44	1002	894	1896	37·1	22·7	9·0
1890	1431	1344	142	127	1573	1471	3044	72	43	1080	983	2063	35·9	24·3	8·8
1891	1645	1510	168	135	1813	1645	3458	66	33	1267	1056	2323	40·1	26·9	8·8
1892	1467	1419	144	126	1611	1545	3156	69	54	1336	1233	2569	36·2	30·5	8·6
1893	1685	1458	146	133	1831	1591	3422	52	51	1357	1185	2542	38·6	28·7	8·2
1894	1614	1548	160	131	1774	1679	3453	54	40	1407	1254	2661	38·3	29·5	8·4

92 II.

Jahr	Lebendgeborene						Todtgeborene		Sterbefälle		Auf 1000 Einw.		Illeg. Gb. auf 100 l. Gb.
	Legitim		Illegitim		Insgesammt				Männl.	Weibl.	Zus.	Lebendg.	Todesf.	
	Knab	M.	Knab	M.	Knab	M.	Knab	M.						

Hódmező-Vásárhely.

1878	1004	979	95	81	1099	1060	2159	73	52	921	969	1890	43·3	38·0	8·1
1879	964	966	93	86	1057	1052	2109	92	41	730	769	1499	42·0	29·9	8·5
1880	999	960	87	79	1086	1039	2125	79	44	726	759	1485	41·9	29·3	7·8
1881	1003	886	73	69	1076	955	2031	72	52	537	537	1074	39·5	20·9	7·0
1882	952	889	91	85	1043	974	2017	77	52	921	871	1792	38·8	34·6	8·7
1883	1001	961	75	72	1076	1033	2109	68	49	667	660	1327	40·3	25·4	7·0
1884	1011	915	74	82	1085	997	2082	61	29	660	761	1421	39·4	26·9	7·5
1885	1022	941	83	81	1105	1022	2127	75	43	573	593	1166	39·7	21·8	7·7
1886	948	897	71	66	1019	963	1982	67	45	617	669	1286	36·5	23·7	6·9
1887	914	917	65	56	979	973	1952	80	57	790	736	1526	35·6	27·9	6·2
1888	888	911	63	53	951	964	1915	77	48	812	822	1634	34·8	29.7	5·9
1889	924	869	56	54	980	923	1903	79	59	646	696	1342	34·4	24·2	5·8
1890	849	912	55	46	904	958	1862	73	44	903	948	1851	33·5	33·3	5·4
1891	941	865	53	61	994	926	1920	8	53	966	1026	1992	34·4	35·7	5·9
1892	861	805	59	58	920	863	1783	83	52	916	993	1909	31·7	33·9	6·6
1893	909	820	58	47	967	867	1834	83	57	763	704	1467	32·4	25·9	5·7

Makó.

1883	684	711	57	38	741	749	1490	28	26	513	504	1017	48·5	33·1	6·4
1884	721	694	42	44	763	738	1501	29	18	410	397	807	48·5	26·1	5·7
1885	683	727	46	43	729	770	1499	33	27	416	402	818	48·0	26·2	5·9
1886	722	694	46	54	768	748	1516	26	20	429	464	893	48·1	28·4	6·6
1887	699	692	42	31	741	723	1464	44	18	540	481	1021	46·1	32·2	5·0
1888	702	664	39	43	741	707	1448	33	23	512	490	1002	45·2	31·3	5·7
1889	713	658	37	32	750	690	1440	32	29	481	462	943	44·6	29·2	4·8
1890	641	667	39	33	680	700	1380	31	29	539	590	1129	42·4	34·7	5·2
1891	675	627	44	46	719	673	1392	28	16	475	518	993	42·4	30·2	6,5
1892	618	603	38	34	656	637	1293	23	19	629	635	1264	39·1	38·2	5·6
1863	674	665	59	41	733	706	1439	33	27	519	512	1031	43·2	31·0	6·9
1894	657	645	35	33	692	678	1370	41	22	523	494	1017	40·8	30·3	4·9
1895	586	574	27	28	613	602	1215	39	23	481	446	927	36·0	27·4	4·5

Békés.

1884	636	665	29	48	666	713	1379	32	32	373	429	802	58·2	33·8	5·6
1885	551	449	33	32	584	481	1065	37	27	448	437	885	44·5	37·0	6·1
1886	516	542	38	33	554	575	1129	27	28	440	416	856	46·8	35·5	6·3
1887	523	478	20	29	543	507	1050	33	31	414	408	822	43·1	33·8	4·7
1888	531	436	34	24	565	460	1025	36	24	403	418	821	41·7	33·7	5·7
1889	506	488	39	26	545	514	1059	38	28	445	389	834	42·7	33·7	6·1
1890	558	485	34	36	592	521	1113	38	26	413	350	763	44·5	30·5	6·3
1891	515	474	21	28	536	502	1038	37	18	552	567	1119	41·7	44·9	4·7
1892	455	467	33	23	488	490	978	29	23	485	467	952	39·2	33·8	6·2
1893	494	421	34	26	528	447	975	23	24	467	448	915	39·0	36·6	6·2
1894	485	507	33	83	518	540	1058	28	18	392	372	764	42·0	30·5	6·2
1895	464	432	31	16	495	448	943	41	19	399	409	808	37·5	32·2	5·0

II.   93

Jahr	Lebendgeborene					Todt-geborene		Sterbefälle			Auf 1000 Einw.		Lebendg. Todesf.	Ileg. i. b. auf 100 L. Gb.
	Legitim		Illegitim		Insgesammt									
	Knab	M	Knab	M.	Knab	M.	Zus.	Knab	M.	Männl.	Weibl.	Zus.		

Szatmár-Németi.

1878	315	282	51	44	366	326	692	12	13	376	340	716	35·8 37·1	13·7
1879	345	327	56	48	401	375	776	20	10	425	328	753	39·9 38·7	13·4
1880	295	261	39	41	334	302	636	17	12	566	461 1027	32·5 52·5	12·6
1881	306	299	52	60	358	359	717	11	8	407	368	775	36·4 39·4	15·6
1882	292	270	36	52	328	322	650	11	13	375	319	694	33·1 35·3	12·3
1883	320	282	63	47	383	329	712	15	16	316	269	585	36·1 29·7	15·4
1884	316	290	68	56	384	346	730	17	17	309	240	549	36·7 27·6	17·0
1885	316	280	55	50	371	330	701	21	16	340	277	617	34·9 30·8	15·0
1886	336	278	51	51	387	329	716	23	16	277	259	536	35·4 26·5	14·2
1887	331	324	43	65	374	389	763	26	17	373	347	720	37·5 35·4	14·2
1888	341	288	51	50	392	338	730	24	15	344	287	631	35·7 30·9	13·8
1889	363	333	55	49	418	382	800	21	12	346	309	655	39·0 31·9	13·0
1890	339	293	47	47	386	340	726	29	17	343	268	611	35·0 29·5	12·9
1891	356	333	55	51	411	384	795	29	21	358	307	665	38·2 32·0	13·3
1892	312	304	52	43	364	347	711	26	16	320	289	609	33·9 29·0	13·4
1893	398	348	69	55	467	403	870	30	18	366	342	708	41·2 33·5	14·2
1894	350	363	61	51	411	414	825	13	13	366	300	666	38·8 31·3	13·6

Debreczen.

1878	788	727	85	86	873	813 1686	55	46	914	854 1768	33·8 35·4	10·1
1879	850	770	131	108	981	878 1859	84	59	1276	1099 2375	36·8 47·1	12·9
1880	856	763	118	130	974	893 1867	64	66	851	778 1629	36·6 32·0	13·3
1881	722	644	163	146	855	790 1675	66	56	876	768 1644	32·6 32·0	18·4
1882	673	674	119	166	822	840 1662	71	51	811	724 1535	32·0 29·5	18·9
1883	758	686	130	149	888	835 1723	76	55	923	821 1744	32·8 33·2	16·2
1884	804	759	174	157	978	916 1894	57	63	824	752 1576	35·6 29·6	17·5
1885	757	727	164	154	921	881 1802	70	48	829	820 1649	33·5 30·7	17·6
1886	785	806	134	161	919	967 1886	76	58	998	914 1912	34·8 35·3	15·6
1887	789	748	163	137	952	885 1837	69	56	830	785 1615	33·6 29·6	16·3
1888	809	738	192	143 1001	883 1884	77	50	880	862 1742	34·1 31·5	17·9
1889	896	834	159	145 1055	979 2034	91	70	808	747 1555	36·4 27·8	14·9
1890	822	781	149	144	971	925 1896	73	56	832	794 1626	33·5 28·7	15·5
1891	919	870	169	171 1088 1041 2129	91	76	928	892 1820	37·2 31·8	16·0
1892	888	827	163	150 1851	977 2028	81	60	778	790 1568	35·1 27·1	15·4
1893	978	900	177	117 1155 1077 2232	84	57	900	829 1729	38·1 29·5	15·9
1894	999	934	152	149 1151 1084 2234	97	72	887	830 1717	37·6 28·9	13·5
1895	1100 1046	146	155 1246 1201 2447	81	49	993	886 1879	40·7 31·2	12·3

Nagyvárad (Grosswardein).

1878	420	431	145	123	565	554 1119	12	18	731	598 1329	36·1 42·9	23·9
1879	472	414	107	146	579	560 1139	32	35	782	667 1449	36·5 46·5	22·2
1880	474	457	122	150	596	607 1203	22	11	751	636 1387	38·3 44·1	22·6
1881	474	440	157	165	631	605 1236	43	28	755	627 1382	39·0 43·6	26·1
1882	470	427	140	127	610	554 1164	46	30	669	538 1207	36·1 37·4	22·9
1883	475	443	124	158	599	601 1200	43	31	682	525 1207	36·3 37·4	23·5
1884	514	492	187	174	701	666 1367	41	27	659	579 1238	40·5 36·6	26·4
1885	466	451	160	182	626	633 1259	18	14	787	619 1406	36·5 40·8	27·2
1886	524	533	181	198	705	731 1436	20	33	670	567 1237	40·9 35·2	26·4
1887	541	471	156	168	697	639 1336	15	22	720	590 1310	37·8 37·1	24·2
1888	512	529	162	187	674	716 1390	29	34	662	609 1271	38·0 34·8	25·1
1889	507	546	185	170	692	716 1407	33	37	726	597 1323	37·7 35·4	25·2
1890	533	523	174	188	707	711 1418	21	20	711	627 1338	37·2 33·1	25·5
1891	580	516	173	169	753	685 1438	28	25	712	648 1360	36·8 34·9	23·8
1892	536	501	169	166	705	667 1372	22	34	755	637 1392	34·6 35·1	24·4
1893	587	521	183	190	770	711 1481	37	46	695	609 1304	36·7 32·3	25·2
1894	628	588	148	157	776	745 1521	36	37	704	562 1266	36·9 30·8	20·0
1895	637	636	174	167	811	803 1614	25	17	674	588 1262	38·5 30·1	21·1

7

II.

Jahr	Lebendgeborene						Todt-geborene		Sterbefälle			Auf 1000 Einw.		Illeg. Gb. auf 100 l. Gb.
	Legitim		Illegitim		Insgesammt				Männl.	Weibl.	Zus.	Lebendg.	Todesf.	
	Knab	M.	Knab	M.	Knab	M.	Zus.	Knab	M.					

Arad.

1878	511	544	133	142	644	686	1330	52	29	660	681	1341	37·9	38·2	20·7
1879	571	626	169	139	740	765	1505	64	41	707	613	1320	42·6	37·6	20·5
1880	547	570	140	122	687	692	1379	38	33	747	632	1379	38·7	38·7	19·0
1881	571	564	143	134	714	698	1412	32	26	740	636	1376	39·4	38·4	19·6
1882	579	505	142	128	721	633	1354	37	18	771	667	1438	37·2	39·6	19·9
1883	575	598	121	132	696	730	1426	25	23	708	548	1256	38·6	34·1	17·7
1884	638	631	155	158	793	789	1582	41	35	659	616	1275	42·0	33·9	19·8
1885	690	603	131	106	821	709	1530	39	36	849	700	1549	39·9	40·1	15·5
1886	670	660	131	145	801	805	1606	42	36	722	651	1373	41·2	35·2	17·2
1887	635	614	127	120	762	734	1496	34	26	635	577	1212	37·7	30·6	16·5
1888	640	583	124	97	764	680	1444	51	35	670	637	1307	35·7	32·3	15·3
1889	667	611	111	131	778	742	1520	39	31	655	578	1233	37·0	30·0	15·9
1890	586	589	149	109	735	698	1433	42	27	721	636	1357	34·3	32·5	18·0
1891	586	608	137	127	723	735	1458	30	33	779	722	1501	34·5	34·5	18·1
1892	647	582	131	105	778	687	1465	34	27	822	765	1587	32·8	35·6	16·1
1893	660	678	120	117	780	795	1575	52	28	726	632	1358	36·5	31·5	15·0
1894	732	624	127	118	859	742	1601	47	32	673	577	1250	36·9	28·9	15·3
1895	719	709	119	138	838	847	1685	36	41	706	680	1386	33·6	31·7	15·3

Versecz.

1878	453	428	49	43	502	471	973	1	—	516	492	1008	44·2	45·8	9·5
1879	463	455	38	44	501	499	1000	25	22	455	410	865	45·2	39·1	8·2
1880	470	414	45	38	515	452	967	23	26	543	450	993	43·5	44·6	8·6
1881	444	416	52	31	496	447	943	19	13	426	389	815	42·2	36·4	8·9
1882	472	385	38	38	510	423	933	27	8	583	488	1071	41·8	48·0	8·1
1883	392	438	28	35	420	473	893	22	14	375	353	728	40·1	32·7	7·1
1884	428	447	50	40	478	487	965	18	10	376	342	718	43·1	32·0	9·3
1885	433	406	44	30	477	436	913	12	10	377	293	670	40·4	29·7	8·1
1886	344	345	39	38	383	383	766	17	8	410	380	790	34·0	35·1	10·1
1887	369	336	41	35	410	371	781	10	11	392	334	726	34·9	32·4	9·7
1888	373	320	34	47	407	367	774	9	8	339	321	660	34·6	29·5	10·5
1889	295	302	36	32	331	334	665	7	4	427	343	770	30·0	34·7	10·2
1890	402	338	41	39	443	377	820	43	23	377	364	741	37·3	33·7	9·8
1891	339	314	24	29	363	343	706	8	2	370	326	696	32·4	31·9	7·5
1892	337	324	27	25	364	349	713	3	3	447	378	825	33·0	38·2	7·3
1893	362	342	24	33	386	375	761	1	1	386	311	697	35·5	32·5	7·5
1894	376	383	24	35	400	418	818	4	12	407	347	754	38·1	35·1	7·2
1895	415	363	32	49	447	412	859	27	27	357	347	704	39·7	32·5	9·4

Pancsova.

1878	304	322	35	27	339	349	688	7	6	383	304	687	40·3	40·3	9·0
1879	302	275	29	30	331	305	636	12	11	356	264	620	37·2	36·3	9·2
1880	281	285	33	39	314	324	638	11	10	341	289	630	37·3	36·8	11·3
1881	269	260	36	33	305	293	598	10	7	307	255	562	34·9	32·8	11·5
1882	294	287	43	37	337	324	661	17	9	289	259	548	38·3	31·8	12·1
1883	271	306	45	40	316	346	662	12	13	320	274	594	38·1	34·2	12·8
1884	289	272	41	41	330	313	643	14	12	283	229	512	36·8	29·3	12·8
1885	318	284	43	38	361	322	683	17	15	318	254	572	38·8	32·5	11·9
1886	293	304	38	34	331	338	669	15	12	336	276	612	37·8	34·6	10·8
1887	292	281	32	45	324	326	650	12	10	338	268	606	36·6	34·1	11·9
1888	282	286	36	41	318	327	645	20	12	322	274	596	36·2	33·4	11·8
1889	288	285	44	42	332	327	659	14	9	309	279	588	36·8	32·8	13·1
1890	247	236	36	28	283	264	547	17	11	318	246	564	30·5	31·4	11·7
1891	289	254	36	35	325	289	614	17	14	306	254	560	34·1	31·1	11·6
1892	264	275	43	34	307	309	616	20	11	316	293	609	34·2	33·8	12·5
1893	305	286	28	38	333	324	657	21	12	385	341	726	36·4	40·2	10·0

Jahr	Lebendgeborene					Todt-gecorene		Sterbefälle			Auf 1000 Einw.		Illeg. Gb. auf 100 l. Gb.
	Legitim		Illegitim		Insgesammt			Männl.	Weibl.	Zus.	Lebendg.	Todesf.	
	Knab	M.	Knab	M.	Knab	M.	Zns.	Knab	M.					

Félegyháza.

1885	733	656	26	37	759	693	1452	5	2	531	473	1004	54·2	37·5	4·3
1886	734	708	25	44	759	752	1511	—	—	547	528	1075	55·1	39·2	4·6
1887	745	676	27	39	772	715	1487	—	—	626	504	1130	53·0	40·2	4·4
1888	787	694	25	35	812	729	1541	—	—	514	496	1010	53·7	35·1	3·9
1889	754	699	24	9	778	708	1486	—	1	458	454	912	50·6	31·1	2·2
1890	804	709	16	26	820	735	1555	—	—	500	409	909	51·8	30·3	2·7
1891	762	633	18	17	780	650	1430	—	—	579	528	1107	46·8	36·2	2·6
1892	709	682	25	17	734	699	1433	11	7	694	654	1348	46·4	43·6	2·9
1893	773	708	29	18	802	726	1528	10	3	639	589	1228	48	9·39·3	3·1
1894	704	702	29	37	733	739	1472	13	8	516	517	1033	46·7	32·7	4·5
1895	674	641	26	28	700	669	1369	6	11	512	464	976	42·9	30·6	3·9

Nyiregyháza.

1883	532	499	75	74	607	573	1180	9	6	509	399	908	47·5	36·6	12·6
1884	552	528	61	77	613	605	1218	19	9	435	381	816	48·5	32·5	11·3
1885	567	588	72	70	639	658	1297	17	8	459	445	904	51·0	35·6	10·9
1886	604	546	76	70	680	616	1296	19	7	505	461	966	50	4·37·6	11·3
1887	565	561	76	68	641	629	1270	12	11	579	540	1119	48·8	43·0	11·3
1888	610	600	79	76	689	676	1365	7	9	418	449	867	51·9	33·0	11·4
1889	665	597	85	76	750	673	1423	13	9	505	486	991	53·5	37·3	11·3
1890	672	617	53	90	725	707	1432	6	7	482	486	968	53·3	36·0	10·0
1891	658	648	81	68	739	716	1455	7	9	524	505	1029	53·4	37·7	10·2
1892	653	565	59	72	712	637	1349	17	9	615	577	1192	48·9	43·2	9·7
1893	688	635	74	104	762	739	1501	9	9	476	451	927	53·8	33·2	11·9
1894	694	619	74	83	768	712	1470	9	8	471	474	945	52·1	33·5	10·7

7*

III. Absolute Jahresziffern über das Alter der Verstorbenen.

Jahr	Alter der Verstorbenen							Zus. (Tabel. Alter s. Seite (01)	Unter den Verstorbenen waren illegitim	
	0—1	1—5	5—20	—30	—40	—60	—80	über 80		0—1	1—5

Sopron (Oedenburg).[1]

1883	168	64	51	36	34	85	122	21	582	22	4
1884	153	75	39	33	38	81	116	37	572	28	5
1885	155	68	42	43	30	88	122	25	573	24	2
1886	158	99	66	48	38	88	135	30	663	22	6
1887	148	145	69	41	35	75	96	24	633	26	9
1888	134	104	79	44	33	96	126	27	643	25	8
1889	140	75	53	44	46	90	117	25	590	20	8
1890	165	115	46	54	40	107	131	23	682	27	12
1891	227	116	58	37	55	107	118	39	760	38	7
1892	191	111	48	48	53	89	121	43	704	23	11
1893	175	99	72	36	51	92	126	30	681	33	8
1894	183	101	59	47	45	100	101	33	669	22	13
1895	206	85	55	49	44	97	144	35	715	26	9

Győr (Raab).[2]

1885	233	109	43	45	50	92	124	16	710	54	10
1886	222	126	79	81	69	134	122	17	850	66	14
1887	210	97	65	60	49	124	115	20	741	66	10
1888	175	62	54	64	63	130	138	28	719	40	5
1889	177	56	48	37	56	102	110	29	615	41	5
1890	244	134	58	45	42	114	138	24	799	59	12
1891	201	89	51	46	41	92	116	19	655	28	10
1892	185	104	56	31	45	106	113	26	666	40	4
1893	172	108	59	44	44	109	135	22	693	44	5
1894	145	87	45	33	53	99	129	30	621	38	1
1895	184	76	51	45	51	127	105	35	674	40	8

Székesfejérvár (Stuhlweissenburg).[3]

1882	289	133	74	49	28	91	111	32	828	22	4
1883	269	119	66	52	46	87	123	24	789	14	1
1884	306	186	54	38	41	99	137	38	802	53	4
1885	269	146	84	39	47	82	128	23	818	41	6
1886	260	143	69	38	47	95	113	15	782	22	9
1887	250	130	78	43	49	109	117	27	804	41	6
1888	212	75	53	39	41	85	121	23	650	27	2
1889	212	48	43	25	37	105	105	18	593	32	5
1890	243	117	65	34	40	91	130	19	741	32	7
1891	269	161	78	34	35	73	132	29	811	27	8
1892	245	188	110	45	24	107	139	32	891	38	15
1893	239	108	44	36	32	107	156	24	746	32	2
1894	228	70	60	29	35	104	135	18	679	32	3
1895	246	66	44	58	42	98	155	26	739	29	3

[1] 0—5 Jahre: 1878: 283 (hievon illeg. 34); — 1879: 314 (33); — 1880: 331 (55); — 1881: 296 (30); — 1882: 342 (83).
[2] 0—5 Jahre: 1878: 374 (hievon illeg. 76); — 1879: 382 (87); — 1880: 350 (80); — 1881: 252 (73); — 1882: 341 (81); — 1883: 356 (86); — 1884: 262 (63).
[3] 0—5 Jahre: 1878: 481 (hievon illeg. 69); — 1879: 432 (68); — 1880: 398 (59); — 1881: 510 (61).

III.

Jahr	Alter der Verstorbenen 0—1	1—5	5—20	—30	—40	—60	—80	über 80	Zus. (Kobel. Alter s. Seite 102)	Unter den Verstorbenen waren illegitim 0—1	1—5
				Pécs (Fünfkirchen). [1]							
1882	238	76	81	68	77	145	126	20	831	35	5
1883	190	109	86	59	82	174	159	24	883	16	5
1884	249	82	89	62	71	178	145	31	907	33	2
1885	248	86	62	72	83	146	160	24	882	48	7
1886	241	89	53	65	84	183	171	28	915	34	7
1887	258	107	83	87	74	173	173	31	986	45	10
1888	266	79	66	81	87	217	207	26	1029	47	14
1889	214	66	40	69	80	151	182	28	830	51	12
1890	235	71	72	102	75	176	227	25	983	49	5
1891	269	152	150	73	98	202	237	35	1216	57	14
1892	278	224	174	64	76	187	216	22	1241	63	17
1893	255	200	156	71	89	187	205	31	1180	59	22
1894	303	119	98	77	86	189	203	34	1109	67	12
1895	296	145	112	85	74	214	225	35	1186	54	12
				Pozsony (Pressburg). [2]							
1882	531	274	132	127	127	322	280	53	1846	195	
1883	557	208	125	139	148	303	348	63	1891	235	
1884	582	239	120	145	130	304	323	53	1897	233	
1885	513	206	112	119	133	267	320	63	1733	197	52
1886	504	208	125	116	114	274	364	62	1769	184	74
1887	493	307	127	117	138	282	320	64	1848	140	44
1888	543	275	123	126	133	289	338	52	1883	177	46
1889	481	148	95	118	110	260	349	59	1620	138	20
1890	523	158	115	110	146	287	375	59	1773	178	30
1891	592	260	96	108	114	284	392	75	1922	170	41
1892	546	216	108	105	124	240	322	81	1747	154	34
1893	578	257	129	128	108	325	383	60	1968	155	28
1894	532	193	128	100	129	297	330	57	1769	127	18
1895	484	190	128	132	149	322	359	57	1821	115	19
				Kassa (Kaschau). [3]							
1882	290	117	86	89	62	157	113	18	942	88	24
1883	319	157	70	99	88	170	132	19	1054	49	11
1884	310	122	71	84	88	197	150	24	1046	93	11
1885	338	127	66	101	78	137	126	19	992	94	11
1886	367	241	91	106	62	151	117	20	1155	86	34
1887	249	131	77	110	78	165	137	18	965	69	12
1888	333	143	92	97	91	138	132	18	1044	100	15
1889	323	106	70	123	67	139	117	29	975	98	18
1890	348	199	99	82	79	164	146	22	1140	98	20
1891	306	222	116	63	62	127	133	17	1046	92	24
1892	347	130	56	49	34	116	106	28	866	109	20
1893	349	101	63	66	56	126	142	26	929	99	7
1894	383	172	76	61	58	147	125	36	1058	102	16
1895	369	132	76	67	73	141	125	26	1009	102	22

[1] 0—5 Jahre: 1878: 477 (hievon illeg. 70); — 1879: 352 (67); — 1880: 408 (70); — 1881: 324 (39).
[2] 0—5 Jahre: 1878: 907 (hievon illeg. 232); — 1879: 843 (259); — 1880: 844 (242); — 1881: 863 (222).
[3] 0—5 Jahre: 1878: 480 (hievon illeg. 95); — 1879: 473 (120); — 1880: 494 (115); — 1881: 515 (13).

Jahr	Alter der Verstorbenen							Zus. (Tabel. Alter s. Seite (92)	Unter den Verstorbenen waren illegitim	
	0-1	1—5	5-20	—30	—40	—60	-80	über 80		0—1	1—5

Temesvár.[1]

1882	339	184	148	113	105	247	159	18	1319	108	21
1883	377	171	125	117	107	199	152	25	1273	120	27
1884	349	121	92	112	100	219	143	20	1156	115	21
1885	418	189	108	122	139	237	187	22	1422	136	48
1886	384	132	116	140	123	239	160	31	1325	137	26
1887	365	149	114	118	102	220	147	36	1251	133	13
1888	373	249	164	102	117	259	172	39	1475	123	41
1889	361	148	100	120	104	213	176	20	1242	122	22
1890	363	112	76	122	120	229	172	34	1266	112	13
1891	376	136	116	119	95	221	188	26	1277	111	16
1892	338	251	180	116	114	245	213	37	1494	92	40
1893	354	220	134	94	98	208	195	47	1350	103	33
1894	352	129	116	84	85	202	170	26	1164	96	19
1895	355	114	95	88	119	230	179	27	1207	95	17

Kolozsvár (Klausenburg).[2]

1885	369	99	88	98	78	170	114	34	1050	95	7
1886	255	113	78	86	73	128	119	25	879	55	15
1887	333	170	71	111	73	136	144	35	1074	79	20
1888	259	143	85	84	72	126	130	29	932	76	20
1889	326	179	149	88	68	163	125	32	1131	86	15
1890	311	151	120	102	77	161	168	30	1120	77	20
1891	332	132	84	90	52	140	166	32	1030	74	15
1892	262	96	71	83	93	148	159	35	948	61	7
1893	283	124	84	90	94	183	198	29	1085	61	19
1894	306	137	95	67	84	165	146	34	1034	49	6
1895	318	171	86	83	96	156	151	34	1097	67	11

Brassó (Kronstadt)

1882	191	99	70	41	55	104	120	32	719	17	1
1883	207	123	71	41	57	128	126	29	782	16	6
1884	177	144	68	47	55	121	119	24	755	18	6
1885	201	127	53	40	47	110	147	28	753	17	3
1886	200	176	80	52	54	115	113	45	835	28	5
1887	197	185	96	26	47	103	116	27	797	15	11
1888	198	120	80	39	51	107	133	37	765	16	5
1889	170	112	65	25	45	101	152	27	698	15	7
1890	190	142	86	35	68	127	143	27	818	16	7
1891	153	103	94	42	48	105	110	33	688	18	1
1892	206	123	65	40	42	110	149	35	770	13	2
1893	132	92	97	51	51	142	146	42	753	19	1
1894	198	150	90	38	36	111	130	39	792	11	1
1895	165	119	80	28	44	116	122	32	706	13	2

[1] 0—5 Jahre: 1878: 704 (hievon illeg. 188); — 1879: 360 (82); — 1880: 585 (170); — 1881: 565 (186).

[2] 0—5 Jahre: 1878: 621 (hievon illeg. 80); — 1879: 443 (37); — 1880: 521 (59); — 1881: 529 (68); — 1882: 730 (70); — 1883: 398 (41); — 1884: 400 (52)·

III.

Jahr	Alter der Verstorbenen								Zus. (Tabel. Alter s. Seite 10?)	Unter den Verstorbenen waren illegitim	
	0—1	1-5	5-20	—30	—40	—60	—80	über 80		0—1	1—5

Budapest.

1878	3754	2634	985	1170	1097	1834	1189	172	12.874	1228	519
1879	3637	2200	876	1088	1037	1886	1198	186	12.139	1243	481
1880	3637	2057	788	1099	1138	2027	1340	187	12.312	1210	480
1881	3616	2346	1006	1175	1182	2089	1400	218	13.035	1284	549
1882	3551	2406	927	1086	1233	2109	1358	187	12.885	1293	545
1883	3328	1737	726	1147	1316	2298	1493	232	12.300	1167	364
1884	3472	2060	755	1150	1284	2171	1595	240	12.751	1144	432
1885	3404	1949	770	1183	1279	2298	1534	226	12.658	1085	412
1886	4179	3432	1597	1479	1536	2546	1685	239	16.724	1335	673
1887	3769	2232	995	1256	1356	2365	1648	207	13.854	1256	393
1888	3840	2108	882	1261	1478	2409	1758	261	14.021	1365	412
1889	3732	2147	974	1267	1358	2093	1531	233	13.341	1284	400
1890	4015	2583	1092	1266	1394	2222	1664	258	14.506	1301	489
1891	3958	2445	1133	1196	1370	2252	1664	304	14.335	1396	429
1892	3916	2497	1155	1169	1433	2450	1787	296	14.732	1343	449
1893	3951	2336	956	1175	1337	2451	1866	325	14.159	1293	510
1894	3765	2081	914	1119	1325	2322	1654	274	13.511	1288	444
1895	3987	2041	956	1329	1363	2706	1907	382	14.707	1236	413

Miskolcz.

1882	231	79	78	61	41	70	144	16	741	—	10
1883	254	96	117	33	36	77	101	19	733	?	?
1884	307	147	81	62	75	88	86	12	868	?	?
1885	313	192	185	86	85	112	132	12	1.117	13	10
1886	285	108	132	57	68	92	155	6	903	?	?
1887	296	103	72	53	58	102	127	28	839	?	?
1888	300	120	73	41	50	100	119	44	847	?	?
1889	350	98	70	39	50	117	99	59	882	?	?
1890	356	97	49	43	41	96	119	33	834	?	?
1891	386	189	93	52	45	114	153	76	1.108	1	—
1892	423	291	117	31	40	84	122	51	1.159	—	—
1893	372	117	78	34	29	93	111	36	870	?	?
1894	373	134	76	33	52	89	112	53	922	32	9
1895	372	103	63	38	40	85	101	41	843	36	6

Jászberény.

1883	264	115	50	38	45	96	80	16	705	17	4
1884	276	137	83	46	37	74	104	11	768	32	1
1885	253	218	108	45	35	73	90	9	831	31	2
1886	344	227	113	50	31	82	110	—	957	12	—
1887	329	266	92	57	41	72	94	7	958	14	3
1888	307	149	67	28	47	87	120	7	812	21	4
1889	264	86	50	60	36	71	74	20	661	10	5
1890	326	140	58	36	41	78	93	26	798	19	2
1891	285	167	115	42	32	73	99	35	848	13	6
1892	343	391	246	25	29	77	99	35	1.245	10	3
1893	298	195	85	33	31	65	141	—	848	—	—
1894	325	268	128	27	33	77	137	—	997	1	—

III.

Jahr	Alter der Verstorbenen							Zus. (Fabel. ltr s Seite 102)	Unter den Verstorbenen waren illegitim	
	0—1	1—5	5—20	—30	—40	—60	—80	über 80	0—1	1—5

Nagy-Kőrös.

1883	255	68	60	39	27	67	113	19	648	7	—
1884	233	60	26	36	26	61	110	30	582	15	—
1885	270	103	61	38	20	48	90	34	664	15	—
1886	286	90	74	28	31	58	105	31	703	7	—
1887	224	96	67	45	31	62	104	39	669	10	—
1888	281	96	107	49	39	65	118	36	791	10	1
1889	218	60	58	41	35	74	101	38	625	9	—
1890	230	112	51	54	49	108	110	26	740	21	15
1891	268	145	80	30	31	65	116	29	764	6	—
1892	246	119	68	23	23	44	134	27	684	14	—
1893	244	79	73	34	25	64	116	37	672	8	1
1894	251	94	70	32	27	60	100	32	666	9	—
1895	279	89	59	29	29	77	88	46	696	9	—

Kecskemét. [1]

1885	503	251	131	87	68	164	198	44	1447	78	27
1886	581	402	165	87	76	172	227	46	1756	67	34
1887	424	338	177	87	59	163	267	58	1573	46	20
1888	551	470	247	90	93	190	294	66	2001	57	34
1889	424	180	114	74	63	136	249	42	1282	51	17
1890	504	232	134	79	72	128	246	70	1465	49	17
1891	515	264	145	82	66	142	251	64	1529	59	21
1892	540	325	177	79	61	147	251	66	1646	67	25
1893	458	340	206	63	58	168	228	85	1606	49	24
1894	489	277	168	64	61	137	206	48	1450	58	19
1895	512	348	154	86	72	157	277	83	1689	66	21

K.-Félegyháza.

1885	411	181	79	59	38	97	116	23	1004	—	—
1886	415	234	84	62	43	99	121	17	1075	—	—
1887	322	331	139	63	37	90	122	26	1130	—	—
1888	382	179	89	59	43	106	127	25	1010	—	—
1889	333	201	79	54	45	85	99	16	912	—	—
1890	381	114	67	52	33	98	139	23	909	4	1
1891	414	223	117	54	49	91	123	35	1107	—	—
1892	467	378	186	35	44	84	125	29	1348	—	—
1893	427	290	193	46	36	89	122	25	1228	—	—
1894	390	195	138	40	51	76	117	26	1033	4	—
1895	356	157	117	35	48	102	120	40	976	26	4

[1] 0—5 Jahre: 1878: 1076 (hievon illeg. 104); — 1879: 910 (104); — 1880: 935 (107) — 1881 : 741 (77); 1882: 842 (125); — 1883: 1004 (115); — 1884: 783 (88).

III.

Jahr	Alter der Verstorbenen							Zus. (Tabel. Alter s. Seite 62)	Unter den Verstorbenen waren illegitim	
	0—1	1—5	5-20	—30	—40	—60	—80	über 80		0—1	1—5

Szabadka (Maria-Theresiopel).[1]

1882	881	885	377	100	111	181	227	28	2790	43	35
1883	668	383	193	107	98	189	232	24	1894	37	23
1884	669	444	177	125	89	186	235	34	1959	?	?
1885	613	308	134	100	118	193	214	42	1722	?	?
1887	806	601	195	126	116	191	227	48	2310	?	?
1888	688	427	229	153	122	260	271	74	2224	57	10
1889	671	431	216	115	89	211	237	64	2034	48	8
1890	731	583	301	107	119	194	259	76	2403	35	13
1891	717	450	326	127	138	227	297	88	2429	37	21
1892	808	799	532	144	114	258	322	74	3140	22	12
1893	837	554	295	93	97	208	238	79	2458	14	5
1894	922	718	331	141	120	211	234	81	2844	15	6

Zombor.[2]

1883	236	141	120	69	51	73	80	22	792	19	2
1884	239	101	74	39	59	80	100	30	722	17	3
1885	276	148	81	58	50	89	100	25	827	15	—
1886	221	97	60	48	59	77	124	19	706	15	9
1887	270	162	104	55	59	101	114	24	880	7	4
1888	232	105	80	58	47	90	132	20	764	2	--
1889	191	84	87	43	44	63	115	25	652	9	4
1890	389	168	96	57	53	104	90	11	968	55	7
1891	199	249	213	47	38	86	121	45	998	7	4
1892	192	203	222	32	35	110	137	40	971	5	3
1893	215	111	97	46	27	94	109	24	723	9	2
1894	196	100	87	37	37	96	125	36	714	7	2
1895	232	86	77	35	39	87	95	52	703	5	2

Szeged.[3]

1883	774	376	196	178	147	249	237	41	2198	68	11
1884	743	393	154	157	151	228	233	50	2109	78	11
1885	776	444	232	186	183	291	333	78	2523	62	14
1886	884	601	326	241	200	295	274	66	2887	79	25
1887	705	528	270	138	145	245	237	74	2342	74	22
1888	674	317	201	148	135	223	274	70	2042	74	15
1886	618	330	195	110	138	198	243	64	1896	69	6
1890	700	389	197	130	122	221	238	66	2063	45	10
1891	798	430	217	167	128	232	285	66	2323	72	20
1892	826	497	268	135	157	262	339	78	2569	67	17
1893	809	541	314	143	118	234	326	55	2542	67	25
1894	894	590	335	112	126	248	281	75	2061	85	27

[1] 0—5 Jahre: 1878: 1532 (hievon illeg. 42); — 1879: 1377 (38); — 1880: 1613 (68); — 1881: 965 (64). — [2] 0—5 Jahre: 1878: 391 (hievon illeg. 46); — 1879: 410 (48); — 1880: 507 (57); — 1881: 304 (39); — 1882: 463 (40). — [3] 0—5 Jahre: 1878: 1316 (hievon illeg. 68); — 1879: 1569 (57); — 1880: 1578 (69); — 1881: 1141 (84); — 1882: 1356 (98)

Jahr	Alter der Verstorbenen								Zus. (Tabel. liter s. Seite 102)	Unter den Verstorbenen waren illegitim	
	0—1	1—5	5—20	—30	—40	—60	—80	über 80		0—1	1—5

Békés.

1884	227	202	114	36	30	73	111	8	802	?	?
1885	255	248	114	22	35	72	125	14	885	17	4
1886	243	250	76	38	46	91	97	15	856	17	3
1887	242	211	95	36	46	71	103	18	822	8	8
1888	237	197	92	42	45	83	111	14	821	7	5
1889	253	222	103	35	32	79	98	12	834	26	9
1890	244	178	72	27	21	80	122	19	763	19	14
1891	284	386	132	43	39	84	128	23	1119	15	11
1892	237	286	137	44	31	96	106	15	952	15	10
1893	216	247	135	42	33	96	126	20	915	10	6
1894	223	189	101	26	27	89	94	15	764	6	11
1895	220	186	68	37	39	107	129	22	808	15	19

Békés-Csaba.

1882	339	443	134	49	48	140	144	17	1314	10	6
1883	315	210	86	43	32	99	123	12	920	10	4
1884	366	242	58	60	48	103	151	23	1051	15	4
1885	296	314	67	47	49	113	117	21	1034	9	3
1886	333	291	89	51	46	107	127	13	1057	14	4
1887	448	635	190	54	40	116	137	28	1648	15	9
1888	357	354	142	73	54	138	156	27	1301	10	1
1889	322	317	147	63	60	108	116	14	1148	18	6
1890	330	252	104	64	53	103	132	33	1071	16	2
1891	379	437	143	55	54	115	183	21	1387	12	7
1892	375	387	151	72	46	114	162	29	1338	19	6
1893	395	455	180	56	47	117	158	20	1429	16	6
1894	285	254	157	57	49	85	157	14	1058	12	3
1895	359	276	114	63	44	109	188	39	1192	15	5

Nyiregyháza.

1883	279	142	110	49	59	168	95	6	908	37	12
1884	265	128	75	47	56	156	81	8	816	48	14
1885	304	160	92	56	40	159	86	7	904	50	17
1886	330	186	112	59	45	136	88	9	966	62	14
1887	394	250	120	74	39	137	92	13	1119	60	10
1888	323	165	79	60	52	108	72	8	867	54	13
1889	361	225	91	57	48	115	83	11	991	64	16
1890	210	201	131	45	41	98	110	22	858	2	5
1891	370	263	75	57	40	108	111	5	1029	55	14
1892	376	322	144	50	38	100	138	24	1192	51	11
1893	283	221	87	41	52	108	118	17	927	39	13
1894	408	192	65	36	35	87	108	13	945	73	19

Jahr	Alter der Verstorbenen							über 80	Zus. (Tabel. Alter s. Seite 102)	Unter den Verstorbenen waren illegitim	
	0-1	1-5	5-20	-30	-40	-60	-80			0-1	1-5

Debreczen.[1]

1882	643	175	98	85	73	221	207	33	1535	?	?
1883	655	312	151	85	78	197	239	26	1744	?	?
1884	662	208	129	93	74	157	208	43	1576	?	?
1885	679	256	127	59	71	186	221	50	1649	99	21
1886	730	289	204	92	79	226	256	33	1912	193	8
1887	711	207	133	88	75	168	206	23	1615	151	10
1888	807	203	127	76	84	197	216	32	1742	184	17
1889	717	181	134	82	78	142	191	29	1555	151	29
1890	737	202	114	76	82	164	218	31	1626	139	25
1891	766	217	132	81	87	197	285	55	1820	181	38
1892	714	185	107	64	85	152	221	40	1568	151	29
1893	761	209	125	73	84	193	237	45	1729	154	15
1894	834	235	131	65	64	165	192	31	1717	175	28
1895	749	372	172	71	76	167	223	48	1879	137	34

Nagyvárad (Grosswardein).[2]

1885	417	188	117	137	123	256	147	19	1406	140	50
1886	376	142	102	149	100	206	139	22	1237	135	32
1887	427	160	79	126	138	202	153	25	1310	150	23
1888	431	142	69	122	120	226	144	16	1271	154	22
1889	447	197	115	100	113	196	142	13	1323	104	17
1890	497	146	84	113	119	211	148	20	1338	117	18
1891	460	187	96	130	92	212	163	21	1360	128	29
1892	381	235	122	104	97	234	190	29	1392	116	43
1893	410	152	111	107	105	220	175	24	1304	138	20
1894	399	189	70	102	100	200	180	26	1266	105	28
1895	371	197	89	94	99	196	194	22	1262	127	23

Arad.[3]

1882	429	270	175	93	101	206	140	24	1438	75	23
1883	376	121	103	117	135	225	157	22	1256	69	8
1884	421	116	72	114	111	228	180	33	1275	89	15
1885	489	237	105	116	144	249	193	16	1549	107	41
1886	471	158	98	99	124	215	177	29	1373	98	13
1887	411	143	80	109	83	209	152	24	1212	69	10
1888	387	161	108	108	99	217	190	34	1307	72	18
1889	360	166	101	103	114	214	153	22	1233	45	5
1890	458	148	92	113	112	209	193	31	1357	55	10
1891	420	276	119	108	96	202	208	40	1501	41	7
1892	423	305	194	98	119	211	199	38	1587	36	6
1893	385	159	119	104	115	234	206	36	1358	30	3
1894	369	126	98	90	110	229	192	36	1250	24	2
1895	442	162	100	116	82	240	121	33	1296	27	3

[1] 0—5 Jahre: 1878: 962 (hievon illeg. 141): — 1879: 1322 (173); — 1880: 931 (169(— 1881: 864 (183). — [2] 0—5 Jahre: 1878: 555 (hievon illeg. 134); — 1879: 569 (162); — 880; 632 (164); — 1881; 601 (169); — 1882: 535 (160); — 1883; 509 (127); — 1884: 534; 146). — [3] 0—5 Jahre: 1878: 727 (hievon illeg. 182); — 1879: 627 (132); — 1880: 689 (146); - 1881: 695 (165).

Jahr	Alter der Verstorbenen							über −80	Aus. Tabel. Alter s. Seite 102	Unter den Verstorbenen waren illegitim	
	0—1	1—5	5—20	—30	—40	—60	—80			0—1	1—8

Czegléd.

1883	367	141	79	63	32	83	113	21	899	26	1
1884	328	149	101	46	32	69	124	30	879	21	1
1885	307	113	75	36	39	69	101	20	760	20	2
1886	339	151	87	50	40	79	133	24	903	20	6
1887	340	149	80	42	39	85	140	34	909	27	6
1888	314	131	82	40	37	78	118	32	832	15	6
1889	287	89	64	44	33	78	128	23	746	24	3
1890	334	143	72	40	30	82	118	27	846	22	13
1891	311	135	90	46	34	82	136	28	862	17	5
1892	378	265	123	44	35	81	141	23	1.100	28	9
1893	329	154	93	40	27	78	154	1	876	4	2
1894	316	132	81	45	31	75	137	20	837	23	3

Baja. [2]

1883	152	132	58	44	31	77	108	1	633	29	16
1884	152	103	75	26	29	79	109	—	573	22	12
1885	176	45	31	30	38	60	104	3	487	25	4
1886	179	50	47	28	35	66	138	5	548	20	4
1887	188	142	64	50	44	69	91	19	667	23	13
1888	131	55	38	31	30	76	111	28	500	16	5
1889	174	73	62	36	21	76	86	20	548	32	4
1890	179	132	106	29	39	88	108	22	703	33	13
1891	178	118	73	29	40	76	102	21	637	24	13
1892	218	193	148	28	27	71	131	31	847	35	14
1893	150	85	69	23	26	78	85	35	551	19	5
1894	182	91	41	22	34	68	100	34	572	28	7
1895	125	48	37	41	31	60	89	27	458	11	5

Makó.

1883	339	219	96	73	55	84	122	29	1017	26	6
1884	294	121	74	49	45	71	132	21	807	24	9
1885	265	157	76	50	42	91	109	28	818	28	7
1886	294	143	82	55	48	102	143	26	893	24	8
1887	346	229	113	59	39	75	134	22	1021	26	18
1888	306	194	130	66	58	83	137	28	1002	22	9
1889	303	136	117	73	59	94	136	25	943	25	11
1890	351	240	146	67	52	93	142	38	1129	28	9
1891	255	196	177	57	56	85	133	34	993	26	7
1892	351	310	236	44	33	89	161	40	1264	35	7
1893	281	227	174	42	40	106	127	33	1031	24	9
1894	305	191	127	54	49	110	150	31	1017	23	8
1895	261	146	114	47	45	137	135	42	927	21	13

[2] 0—5 Jahre: 1878: 295 (hievon illeg. 35); — 1879: 355 (41); — 1880: 362 (54); 1881: 239 (27); — 1882: 299 (41).

III.   105

Jahr	Alter der Verstorbenen								Tus (Tabel.) Alter s Seite (02)	Unter den Verstorbenen waren illegitim	
	0—1	1—5	5—20	—30	—40	—60	—80	über 80		0—1	1—5

Szatmár-Németi. [1]

1886	205	50	56	45	34	69	71	6	536	26	2
1887	247	113	73	36	48	88	95	20	720	18	2
1888	219	73	46	45	48	98	89	13	631	19	4
1889	244	82	56	50	45	108	59	11	655	22	2
1890	182	68	56	38	44	119	93	11	611	20	4
1891	185	90	81	57	48	92	98	14	665	26	10
1892	187	118	62	44	32	58	82	26	609	20	4
1893	213	86	49	56	69	98	116	21	708	35	4
1894	208	90	56	41	51	86	110	24	66	46	5

Versecz. [4]

1882	354	247	141	43	51	118	92	25	1071	32	5
1883	254	84	53	49	52	117	102	17	728	10	1
1844	288	77	58	49	39	90	97	15	718	5	1
1885	239	78	51	32	63	98	94	13	670	2	—
1886	272	85	67	56	53	126	111	20	790	175	1
1887	253	113	73	36	48	83	95	20	720	18	2
1888	222	58	51	49	38	115	102	25	660	20	1
1889	208	137	83	48	39	102	124	29	770	27	10
1890	308	110	61	36	23	66	99	38	741	9	—
1891	212	71	73	57	57	102	99	25	696	19	3
1892	259	114	91	47	44	113	128	29	825	22	6
1893	211	109	70	47	44	84	104	28	697	17	1
1894	248	138	78	39	39	104	88	20	754	14	1
1895	254	111	56	37	47	78	90	31	704	13	—

Nachtrag für sechs Städte, wo das Alter der verstorbenen (o—5 jährigen) Kinder bloss in einer Ziffer bekannt ist.

Jahr	Ujvidék (Neusatz)		Hódmező-Vásárhely		Selmeczbánya (Schemnitz)		Komárom (Komorn)		Pancsova		Maros-Vásárhely	
	0—5	hievon illegitim	0—5	hievon illegitim	0—5	hievon illegitim	0—5	hievon illegitim	0—5	hievon illegitim	0—5	hievon illegitim
1878	310	31	1016	85	293	22	180	30	333	33	157	10
1879	427	53	823	66	192	17	222	39	299	17	145	11
1880	411	32	836	75	255	11	208	45	274	37	128	8
1881	315	43	517	45	168	6	191	56	239	24	151	13
1882	429	44	1063	97	249	17	277	52	286	39	268	23
1883	440	39	664	50	228	25	229	43	280	33	131	15
1884	332	56	760	58	309	15	174	51	215	24	118	16
1885	351	45	532	49	225	18	215	38	241	32	124	18
1886	386	58	626	56	213	18	282	44	301	35	175	21
1887	411	41	698	57	239	15	155	22	297	32	192	38
1888	294	46	745	52	175	13	138	23	255	38	134	22
1889	382	31	514	21	204	24	153	27	227	28	115	17
1890	381	34	959	46	207	27	189	28	243	36	130	12
1891	437	40	954	58	167	12	234	30	242	33	175	20

[1] **0—5 Jahre: 1878**: 346 (hievon illeg. 57); — 1879: 351 (61); — 1880: 483 (74); — 1881: 326 (52); — 1882: 300 (57); — 1883: 269 (60); — 1884: 277 (57); — 1885: 317 (47) — [4] **0—5 Jahre: 1878**: 572 (hievon illeg. 50); — 1879: 507 (33); —880: 527 (49); — 1881: 376 (36).

Anzahl der Verstorbenen unbekannten Alters.

(In der Gesammtziffer der 10. Spalte mitinbegriffen).

Budapest, 1878:39, 1879:31, 1880:
39, 1881:23, 1882:28, 1883:23,
1884:24, 1885:15, 1886:31, 1887:
26, 1888:24, 1889:6, 1890:12, 1891:
13, 1892:29, 1893:62, 1894:57,
1895:86;

Sopron (Oedenburg), 1883:1, 1886:1, 1890:1;

Győr (Raab), 1887 1;

Székesfejérvár (Stuhlweissenburg), 1882:21, 1883:3, 1884:3, 1886:2, 1887:1, 1888:1, 1890:2, 1892:1, 1895:4;

Pécs (Fünfkirchen), 1885:1, 1886:1, 1893:6;

Pozsony (Pressburg), 1884:1, 1886:2, 1888:4, 1891:1, 1892:5, 1894:3;

Kassa (Kaschau), 1882:10, 1889:1, 1890:1;

Temesvár, 1882:6, 1890:38;

Kolozsvár (Klausenburg), 1886:2, 1887: 1, 1888:4, 1889:1, 1891:2, 1892:1, 1893:2;

Brassó (Kronstadt), 1882:1, 1889:1;

Miskolcz, 1882:21, 1884:10;

Jászberény, 1883:1, 1894:1;

Czegléd, 1892:10;

Nagy-Kőrös, 1887:1;

Kecskemét, 1885:1;

K. Félegyháza, 1890:2, 1891:1, 1895:1;

Szabadka (Maria-Theresiopel), 1890:33, 1891:59, 1892:89, 1893:57, 1894: 86;

Zombor, 1886:1;

Szeged, 1892:7;

Makó, 1887:4, 1893:1;

Békés, 1884:1;

Békés-Csaba, 1885:10, 1889:1, 1892; 2, 1893:1;

Nyiregyháza, 1886:1, 1894:1;

Debreczen, 1883:1, 1884:2, 1886:3, 1887:4, 1889:1, 1890:2, 1893:2, 1895:1;

Nagy-Várad (Gross-Wardein), 1885:2, 1886:1, 1888:1;

Arad, 1886:2, 1887:1, 1888:3, 1890: 1, 1891:2;

Versecz, 1884:5, 1885:2.

IV. Jahresziffern der Todesursachen.

Jahre	Variola	Morbilli	Scarlatina	Croup und Diptherie	Pertussis	Typhus und Typhoid	Febris puerperalis	Sonst. infect. Krankheiten	Summe aller inf. Todesurs.	Tuberculosis	Diarrhoea u. Enteritis	Pleuropneumonia, bronch.	Gewaltsame Todesurs.	Auf 10 000 Bew. Todesfälle an infect. Krankh.

Sopron (Oedenburg).

1883	2	—	2	5	—	10	—	—	19	118	51	48	10	7·9
1884	2	9	1	1	—	11	3	—	27	125	50	47	12	11·0
1885	1	—	—	4	13	3	3	1	25	131	64	44	7	10·0
1886	1	1	—	10	2	11	—	2	27	142	57	71	13	10·6
1887	5	4	17	54	17	10	1	2	110	103	40	64	9	42·7
1888	4	—	11	38	2	6	2	—	63	113	42	76	10	24·0
1889	13	—	—	26	2	3	—	—	44	108	53	71	12	16·5
1890	—	9	2	13	—	24	4	2	54	140	60	92	10	2·0
1891	—	1	—	10	1	7	—	—	19	144	85	88	12	6·9
1892	—	—	1	8	2	4	1	—	16	149	68	124	9	5·7
1893	—	—	6	51	—	8	—	1	68	120	71	78	33	24·1
1894	—	11	6	32	—	5	4	—	58	127	50	104	9	20·2
1895	—	2	2	6	—	8	2	—	20	123	89	109	9	6·8

Györ (Raab).

1885	4	10	15	13	20	12	5	1	80	100	70	71	11	36·6
1886	1	—	60	14	7	15	1	1	158	148	52	53	20	71·8
1887	—	23	13	14	3	9	2	—	64	135	47	41	24	28·9
1888	2	1	3	12	—	6	2	—	26	136	50	31	18	11·6
1889	—	—	5	22	1	5	2	—	35	109	51	28	13	15·5
1890	—	11	—	53	2	3	1	—	70	124	93	93	11	30·8
1891	—	—	4	48	—	5	3	—	60	104	86	38	10	26·2
1892	—	10	14	29	1	6	3	8	71	97	56	64	8	30·7
1893	—	4	19	41	10	5	1	—	80	118	42	65	14	34·1
1894	—	1	4	45	—	6	5	—	61	95	46	59	11	25.7
1895	1	—	4	19	7	7	1	—	39	109	52	75	14	16·2

Székesfejérvár (Stuhlweissenburg).

1880	10	—	1	30	2	8	1	—	52	77	117	53	5	20·5
1881	68	19	2	15	6	15	2	1	128	95	135	51	21	49·9
1882	3	5	21	49	8	13	2	—	101	93	123	72	10	39·2
1883	—	1	4	49	6	12	5	2	79	103	87	69	6	30·4
1884	1	2	2	17	1	23	9	—	55	105	159	69	15	21·0
1885	1	12	11	32	5	12	3	—	76	117	154	70	25	28·7
1886	4	2	6	38	3	10	2	—	60	119	88	86	15	22·5
1887	27	2	2	36	12	15	1	—	95	132	67	76	3	35·5
1888	5	—	—	13	—	9	2	—	29	148	?	96	7	10·7
1889	—	—	4	5	—	6	—	—	15	131	59	21	7	10·6
1890	1	3	2	25	3	9	—	—	43	144	94	54	12	15·6
1891	—	—	5	93	30	12	1	—	141	108	95	48	6	51·3
1892	—	—	28	144	5	12	2	—	191	97	77	67	9	71·0
1893	—	3	6	35	3	9	—	—	56	93	99	100	3	20·4
1894	—	—	5	23	5	8	—	—	41	87	70	75	9	14·1
1895	2	1	—	19	—	7	—	—	29	97	97	43	12	10·3

Jahre	Variola	Morbilli	Scarlatina	Croup und Diphtherie	Pertussis	Typhus und Typhoid	Febris puerperalis	Sonst. infect. Krankheiten	Summe aller inf. Todesurs.	Tuberculosis	Diarrhoea u. Enteritis	Pleuropneumonia,bronch.	Gewaltsame Todesurs.	Auf 10.000 Bew. Todesfälle an infect. Krankh.
						Pozsony (Pressburg).								
1878	—	2	49	27	9	6	—	—	93	317	119	44	—	19·5
1879	4	2	14	40	17	6	—	—	83	364	68	76	1	17·3
1880	84	11	—	21	9	25	—	—	150	392	113	83	—	31·2
1881	129	—	—	41	25	17	—	—	212	255	118	96	—	44·1
1882	6	13	19	22	9	16	2	—	87	346	130	146	—	18·0
1883	2	—	11	15	2	6	—	—	36	225	167	154	—	7·4
1884	—	2	1	58	4	5	1	—	71	346	141	217	1	14·5
1885	7	9	1	10	9	2	—	·	38	313	122	154	51	7·6
1886	72	3	—	22	—	16	—	—	113	317	214	213	75	22·6
1887	67	96	43	29	3	15	2	—	255	354	187	170	43	50·4
1888	25	13	10	53	6	25	3	—	135	386	220	229	48	26·4
1889	—	—	1	51	—	10	1	—	63	287	238	200	45	12·2
1890	2	—	—	29	—	19	1	—	51	336	282	234	31	9·8
1891	—	67	2	39	—	19	3	—	130	366	325	345	33	24·7
1892	—	2	2	119	—	13	1	18	157	255	248	266	14	29·5
1893	3	30	2	96	10	17	—	—	158	305	236	376	14	29·3
1894	—	8	5	119	2	17	4	—	155	223	175	280	31	28·4
1895	1	41	16	28	—	15	2	—	103	278	181	295	21	18·7
						Kassa (Kaschau).								
1880	11	31	5	26	5	18	—	7	103	166	130	126	29	38·9
1881	10	3	69	15	1	18	2	1	119	140	105	145	27	45·4
1882	1	·	8	33	8	21	—	2	73	176	137	135	26	27·6
1883	1	12	1	13	18	16	—	4	65	204	154	174	13	24·7
1884	1	—	2	25	9	8	—	—	45	159	173	171	7	16·7
1885	22	—	8	18	—	11	—	2	61	161	208	122	13	22·4
1886	85	43	17	19	6	5	5	1	181	153	144	167	13	65·7
1887	25	2	16	26	6	10	2	1	88	196	140	103	20	31·6
1888	—	17	7	15	1	9	5	4	58	203	169	153	12	20·6
1889	—	—	24	14	9	5	9	15	76	197	146	90	18	26·7
1890	—	10	6	24	3	29	4	1	77	174	178	99	16	26·8
1891	—	10	32	65	—	7	—	3	117	137	167	153	12	40·3
1892	12	—	16	31	10	1	1	1	72	113	161	134	19	24·4
1893	—	—	4	14	13	5	2	1	39	127	151	143	30	13·1
1894	—	6	22	23	4	6	1	—	62	151	185	192	21	20·4
1895	—	2	10	13	8	2	3	4	42	172	193	159	33	13·6
						Temesvár.								
1880	57	—	5	37	5	24	5	3	136	250	145	107	18	40·1
1881	3	3	34	77	11	23	2	1	154	200	144	82	24	45·3
1882	10	1	92	53	4	39	4	6	209	184	119	95	15	60·4
1883	97	1	16	29	13	21	3	3	183	184	146	93	23	52·1
1884	22	—	7	56	7	14	—	4	110	194	148	107	30	30·7
1885	67	3	—	29	3	22	6	—	130	257	207	130	32	35·7
1886	46	3	—	29	—	21	2	4	105	252	169	111	35	28·4
1887	15	1	6	66	1	17	12	1	119	217	148	78	33	31·6
1888	2	2	101	67	11	6	8	7	204	197	149	98	32	53·4
1889	30	8	14	18	6	16	6	7	105	242	137	84	31	27·1
1890	1	9	9	8	1	14	3	3	48	230	163	167	30	12·1
1891	4	12	19	43	6	13	3	8	108	231	111	106	27	26·8
1892	13	3	—	232	4	19	3	10	284	259	116	120	25	70·7
1893	2	—	10	150	—	9	2	1	177	223	112	78	13	43·1
1894	2	3	9	63	—	8	2	6	93	195	93	100	20	22·1
1895	4	11	7	27	3	7	1	14	74	217	66	93	25	17·2

IV.

Jahre	Variola	Morbilli	Scarlatina	Croup und Diphterie	Pertussis	Typhus und Typhoid	Febris puerperalis	Sonst. infect. Krankheiten	Summe aller inf.Todesurs.	Tuberculosis	Diarrhoea u. Enteritis	Pleuropneumonia,bronch.	Gewaltsame Todesurs.	Auf 10.000 Bew. Todesfälle an infect. Krankh.
				Kolozsvár (Klausenburg).										
1878	—	—	1	273	53	19	5	—	351	114	3	80	31	123·6
1879	—	—	—	248	6	64	1	—	319	60	4	84	32	108·6
1880	3	—	—	34	—	29	3	—	69	37	1	112	11	23·2
1885	—	—	1	11	37	22	2	—	73	140	121	229	28	23·6
1886	—	—	2	11	1	24	4	3	45	138	97	124	28	14·4
1887	—	38	1	22	1	23	4	1	90	158	103	133	27	28·4
1888	—	—	2	36	4	25	—	—	67	140	85	104	18	20·9
1889	75	—	61	22	5	17	4	—	184	140	105	135	26	56·7
1890	13	1	71	11	10	27	4	—	137	152	81	149	26	42·0
1891	1	27	3	25	1	38	—	—	95	144	117	135	19	28·8
1892	—	—	3	17	—	20	6	4	50	128	113	81	26	15·0
1893	—	1	2	49	4	16	5	1	78	119	146	102	37	23·2
1894	—	1	37	40	8	22	3	1	112	148	118	124	26	32·3
1895	1	11	47	27	3	23	4	1	117	136	151	104	44	34·5
				Brassó (Kronstadt).										
1880	290	3	19	99	9	21	6	17	464	129	76	83	21	175·5
1881	140	11	4	59	24	19	7	—	264	138	73	69	26	89·1
1882	3	1	2	31	7	18	6	3	71	102	88	61	38	23·8
1883	1	—	—	30	—	22	3	4	60	111	118	76	23	20·0
1884	—	—	11	27	5	23	7	—	73	115	87	51	26	24·2
1885	—	—	1	11	37	22	2	—	73	140	121	229	28	24·1
1886	—	16	1	24	8	18	5	—	72	106	89	52	12	23·7
1887	1	2	28	60	23	10	5	3	132	88	68	42	19	43·4
1888	1	10	19	25	15	5	8	3	86	111	59	27	18	28·2
1889	2	48	6	13	3	9	5	—	86	97	78	28	38	28·1
1890	1	1	49	15	4	25	4	—	99	100	90	50	20	32·2
1891	—	7	23	5	—	41	9	—	85	94	82	41	13	27·5
1892	1	5	1	33	20	24	6	11	101	78	98	33	29	32·5
1893	2	1	2	36	1	27	5	2	90	96	69	30	28	28·9
1894	—	38	2	11	46	10	5	4	116	108	83	47	30	37·3
1895	—	—	67	15	12	5	6	4	109	83	69	24	15	35·4
				Budapest.										
1878	242	155	338	664	127	297	34	189	2046	2831	1684	1143	249	61·3
1879	416	247	87	394	157	221	33	175	1730	2928	1260	1133	217	49·4
1880	327	118	118	335	25	231	40	181	1375	2947	1583	1135	240	37·5
1881	441	90	266	416	92	344	40	194	1884	2860	1441	1201	223	49·9
1882	393	164	267	396	134	245	50	195	1844	2670	1140	1620	264	47·2
1883	77	36	88	246	51	172	58	217	945	2986	1375	1271	246	23·4
1884	67	123	58	253	84	135	47	197	964	3004	1334	1664	273	23·1
1885	179	179	36	254	55	114	24	188	1029	2912	1221	1437	258	23·9
1886	558	336	561	562	41	240	36	185	4084	3050	1361	1610	412	92·0
1887	376	111	146	512	37	155	30	206	1573	2737	1453	1422	487	34·5
1888	13	91	79	459	23	173	26	207	1071	2933	1885	1396	456	22·8
1889	—	11	120	639	73	393	25	170	1431	2463	1537	1271	411	29·6
1890	—	87	275	913	33	157	29	127	1621	2772	1578	2037	456	32·6
1891	2	80	319	918	25	127	24	165	1660	2580	1609	1832	430	32·3
1892	4	132	226	927	19	137	13	209	2068	2408	1638	2103	484	39·3
1893	7	146	105	723	51	80	22	174	1442	2392	1360	2166	522	26·7
1894	83	152	115	527	18	81	25	15	1016	2229	1145	2160	562	18·4
1895	16	152	114	260	23	117	24	187	893	2570	1435	2275	616	15·8

8

110 IV.

Jahre	Variola	Morbilli	Scarlatina	Croup und Diphterie	Pertussis	Typhus und typhoid	Febris puerperalis	Sonst. infect. Krankheiten	Summe aller inf. Todesurs.	Tuberculosis	Diarrhoea u. Enteritis	Pleuropneumonia, bronch.	Gewaltsame Todesurs.	Auf 10.000 Bew Todesfälle an infect. Krankh

Miskolcz

1880	66	4	32	41	10	17	2	22	194	83	50	106	16	?
1881	8	3	17	41	—	5	5	21	100	79	13	46	20	40·7
1882	—	—	4	34	—	16	7	14	75	80	48	78	11	29·9
1883	—	—	2	41	3	26	12	15	99	82	56	80	15	38·4
1884	—	—	2	70	9	23	7	33	144	97	150	83	12	54·5
1885	67	1	111	52	5	24	9	3	279	97	64	113	19	101.1
1886	28	5	10	33	11	21	7	12	127	119	50	63	7	46·4
1887	20	—	1	24	23	17	8	25	118	83	85	70	14	42·1
1888	1	24	—	39	7	12	9	10	102	93	172	83	10	35·5
1889	—	—	—	30	11	20	13	24	98	88	155	61	10	33·4
1890	3	2	6	33	6	14	12	15	91	101	162	83	13	30·2
1891	—	7	43	131	5	19	5	7	217	87	111	92	18	70·8
1892	—	—	6	90	183	11	15	11	9	325	65	132	85	15	104·5
1893	—	—	—	16	62	1	9	5	3	96	89	133	77	16	30·5
1894	—	—	3	2	61	5	12	7	—	90	84	116	109	17	28·2
1895	—	—	1	1	13	5	9	5	—	34	85	116	70	16	10·5

Jászberény.

1883	1	1	—	5	1	6	2	—	16	146	27	85	2	7·2
1884	—	5	3	47	1	4	3	—	63	120	33	64	5	7·9
1885	3	2	3	100	15	2	2	3	130	146	29	74	10	57·1
1886	14	—	50	47	17	4	2	1	135	224	91	86	7	58·5
1887	91	27	2	49	9	3	4	—	185	219	62	127	11	79·3
1888	—	1	2	51	2	4	3	—	63	215	78	52	9	26·7
1889	—	1	—	20	3	6	—	—	30	166	58	29	24	12·6
1890	—	1	5	19	13	8	3	—	49	147	60	113	10	20·2
1891	—	5	50	60	—	9	3	—	127	157	60	67	12	52·3
1892	1	1	167	169	17	8	2	—	365	121	76	151	7	151·6
1893	—	1	1	124	2	3	2	1	136	119	98	44	1	55·1
1894	—	18	13	144	4	1	3	—	183	96	93	117	—	73.9

Czegléd.

1880	2	5	13	87	19	40	2	—	168	135	176	54	9	65·5
1883	15	14	58	43	12	24	12	—	178	143	118	56	8	69·6
1884	54	16	16	21	—	54	8	—	169	163	141	58	3	65·5
1885	3	7	2	22	—	35	6	—	75	132	100	87	3	28·7
1886	2	32	26	33	—	39	8	—	140	151	133	77	2	53·2
1887	22	—	21	38	—	40	3	—	124	149	166	94	—	46·8
1888	1	—	1	55	—	32	4	—	93	140	137	61	1	34·9
1889	—	—	1	35	—	33	11	2	82	121	102	52	1	30·4
1890	4	11	2	23	—	31	6	—	77	107	177	103	1	28·2
1891	—	3	—	50	2	44	3	—	102	117	153	68	2	36·9
1892	—	5	6	192	—	26	3	—	232	104	202	115	2	83·6
1893	—	—	—	110	4	23	4	—	141	99	150	88	4	86·8
1894	—	—	1	83	3	28	1	—	116	110	154	69	10	41·8

IV.

Jahre	Variola	Morbilli	Scarlatina	Croup und Diphterie	Pertussis	Typhus und Typhoid	Febris puerperalis	Sonst. infect. Krankheiten	Summe aller inf.Todesurs.	Tuberculosis	Diarrhoea u. Enteritis	Pleuropneumonia,bronch.	Gewaltsame Todesurs.	Auf 10.0+0 Bew. Todesfälle an infect. Krankh.
					Kecskemét.									
1878	31	4	1	57	50	22	7	—	172	160	117	113	18	39·0
1879	188	7	7	83	12	30	1	2	330	204	114	67	43	74·3
1880	19	—	45	65	14	53	7	—	203	182	187	98	28	45·4
1881	2	—	19	56	9	39	5	—	129	181	127	67	39	23·6
1882	—	—	128	34	5	21	5	—	193	144	115	54	28	42·4
1883	49	10	201	62	27	39	11	—	399	164	117	64	57	87·0
1884	1	3	15	74	—	20	9	—	122	165	126	101	35	26·4
1885	2	9	18	35	42	19	10	2	137	212	214	131	34	29·5
1886	7	144	22	56	9	17	1	6	263	217	260	154	16	56·9
1887	74	1	46	155	10	12	8	4	310	241	165	72	27	65·4
1888	53	31	88	168	—	14	10	—	364	254	323	141	38	76·6
1889	4	—	25	8	23	6	15	—	81	160	166	126	33	17·0
1890	—	10	14	15	1	15	6	—	61	205	296	106	37	12·6
1891	1	—	4	60	76	36	2	—	179	207	256	118	24	36·8
1892	—	2	7	167	17	22	7	—	222	159	298	83	34	45·3
1893	—	3	19	128	—	9	4	—	163	175	215	225	32	33·2
1894	1	—	30	116	—	7	6	—	160	165	145	123	28	32·4
1895	—	8	5	77	1	9	1	38	139	204	336	161	34	28·0
					Félegyháza									
1885	2	—	15	19	4	20	2	—	62	171	161	88	19	23·1
1886	23	7	—	37	2	35	—	—	104	278	299	53	16	37·9
1887	92	3	—	19	—	36	—	—	150	388	128	21	13	53·4
1888	—	11	4	33	4	23	6	—	81	263	179	39	23	28·2
1889	—	1	2	16	2	32	4	—	57	311	158	6	16	19·4
1890	1	—	1	15	2	27	—	—	46	217	256	36	27	15·3
1891	—	1	63	31	2	32	3	1	133	245	242	30	16	43·5
1892	—	—	30	162	3	11	—	2	208	171	175	125	17	67·3
1893	1	11	4	290	2	12	2	—	322	147	253	123	12	103·1
1894	1	1	15	124	3	19	5	—	168	144	109	118	12	52·2
1895	—	1	18	23	—	10	1	—	53	166	208	93	13	16·6
					Baja									
1883	—	5	39	13	2	2	5	—	66	69	7	69	3	34·0
1884	1	—	47	28	2	7	3	—	88	78	33	40	7	45·3
1885	—	—	—	7	3	6	6	—	22	70	55	44	10	11·3
1886	4	1	4	5	6	7	1	—	32	67	66	33	15	16·8
1887	68	69	15	10	2	1	5	—	170	76	36	—	11	8·7
1888	2	—	2	14	—	11	4	—	33	90	39	25	2	16·8
1889	1	—	48	2	8	8	—	—	67	74	30	31	4	34·2
1890	—	—	117	12	23	9	3	—	164	93	44	54	—	83·9
1891	1	21	10	49	1	10	2	—	94	93	59	47	—	48·4
1892	—	—	—	273	—	13	1	27	320	90	54	35	7	166·9
1893	—	6	—	99	—	6	3	3	121	56	56	29	5	63·6
1894	—	24	1	34	3	4	2	7	75	72	59	82	7	39·3
1895	—	—	4	25	—	4	1	2	36	68	39	39	9	18·7

S·

112   IV.

Jahre	Variola	Morbilli	Scarlatina	Croup und Diphterie	Pertussis	Typhus und Typhoid	Febris puerperalis	Sonst. infect. Krankheiten	Summe aller inf. Todesurs.	Tuberculosis	Diarrhoea u. Enteritis	Pleuropneumonia, bronch.	Gewaltsame Todesurs.	Auf 10 000 Bew. Todesfälle an infect. Krankh.

Szabadka.

Jahre	Variola	Morbilli	Scarlatina	Croup und Diphterie	Pertussis	Typhus und Typhoid	Febris puerperalis	Sonst. infect. Krankheiten	Summe aller inf. Todesurs.	Tuberculosis	Diarrhoea u. Enteritis	Pleuropneumonia, bronch.	Gewaltsame Todesurs.	Auf 10 000 Bew.
1880	86	198	—	116	100	66	25	—	591	261	207	122	26	95·9
1881	21	—	—	78	73	57	19	—	248	294	142	31	18	39·9
1882	—	67	126	211	94	40	24	—	862	299	138	66	17	13·7
1883	—	—	41	116	44	47	17	—	265	314	140	44	36	41·4
1884	—	29	—	65	100	46	12	—	252	324	155	50	22	38·5
1885	—	1	—	81	19	52	19	6	178	286	179	84	22	26·7
1887	207	146	16	57	118	21	20	—	585	323	164	128	33	85·0
1888	1	16	4	131	12	65	19	—	248	345	258	67	10	35·5
1889	3	95	13	129	38	36	8	—	322	285	225	68	27	45·2
1890	6	116	95	101	69	49	11	—	447	252	201	240	9	61·8
1891	—	41	1	157	—	91	13	—	303	259	290	187	12	41·3
1892	—	24	30	743	7	70	10	—	884	248	270	218	14	11·9
1893	3	3	2	365	—	35	14	—	422	212	290	241	10	56·5
1894	7	101	15	174	51	38	11	—	397	311	242	350	14	52·6

Zombor.

Jahre	Variola	Morbilli	Scarlatina	Croup und Diphterie	Pertussis	Typhus und Typhoid	Febris puerperalis	Sonst. infect. Krankheiten	Summe aller inf. Todesurs.	Tuberculosis	Diarrhoea u. Enteritis	Pleuropneumonia, bronch.	Gewaltsame Todesurs.	Auf 10 000 Bew.
1880	88	8	4	34	1	11	7	—	153	153	50	60	11	61·6
1883	2	5	20	62	2	8	4	—	103	162	32	59	14	40·8
1884	—	2	4	26	1	9	4	—	46	147	26	55	6	18·0
1885	—	16	2	25	1	15	5	—	64	172	35	63	21	24·8
1886	7	1	—	13	—	5	3	—	29	166	15	38	4	11·2
1887	102	33	—	21	6	4	3	—	169	151	16	47	18	64·7
1888	23	1	—	25	17	18	5	—	89	142	27	76	17	34·0
1889	—	20	—	39	4	31	3	—	97	105	10	50	13	36·8
1890	—	65	87	34	14	6	1	—	207	128	31	61	14	78·2
1891	—	—	20	286	—	24	5	—	335	116	33	46	13	12·7
1892	—	—	—	297	—	19	—	—	317	116	34	61	7	120·7
1893	—	27	2	60	10	4	7	2	112	92	55	45	14	42·6
1894	—	2	4	47	9	11	1	—	74	104	52	50	12	28·2
1895	—	—	—	31	16	2	1	….	51	109	93	55	12	19·4

Szeged.

Jahre	Variola	Morbilli	Scarlatina	Croup und Diphterie	Pertussis	Typhus und Typhoid	Febris puerperalis	Sonst. infect. Krankheiten	Summe aller inf. Todesurs.	Tuberculosis	Diarrhoea u. Enteritis	Pleuropneumonia, bronch.	Gewaltsame Todesurs.	Auf 10 000 Bew.
1880	526	69	7	196	13	59	13	—	883	282	288	194	26	12·0
1881	14	8	215	87	—	116	15	—	455	388	240	127	42	61·4
1882	—	91	181	60	13	136	12	—	494	282	262	151	44	65·9
1883	3	1	95	75	38	105	19	—	318	315	228	223	51	41·8
1884	—	77	14	46	3	60	16	—	216	344	266	192	61	27·9
1885	76	6	8	19	36	139	11	—	295	362	299	269	40	37·5
1886	257	3	83	31	34	87	18	—	726	375	369	154	45	91·3
1887	22	162	155	27	9	36	9	—	420	366	166	203	35	52·2
1888	8	4	37	52	11	66	24	—	202	381	219	135	54	24·7
1889	4	21	39	64	70	55	11	—	264	359	153	156	45	31·7
1890	1	126	36	33	6	33	9	1	215	345	305	220	36	28·9
1891	1	5	41	97	19	29	3	2	197	375	368	255	33	22·8
1892	1	21	23	220	15	31	6	—	344	348	397	347	41	39·4
1893	1	22	14	338	11	31	5	—	460	317	412	353	37	51·9
1894	—	25	85	285	8	21	3	1	428	301	388	337	47	47·5

IV.

Jahre	Variola	Morbilli	Scarlatina	Croup und Diphterie	Pertussis	Typhus und Typhoid	Febris puerperalis	Sonst. infect. Krankheiten	Summe aller inf. Todesurs.	Tuberculosis	Diarrhoea u. Enteritis	Pleuropneumonia,bronch.	Gewaltsame Todesurs.	Auf 10.0 0 Bew. Todesfälle an infect. Krankh

Makó.

1883	98	—	20	23	—	26	—	—	167	151	58	64	—	54·6
1884	—	—	—	26	—	11	1	—	38	144	63	43	—	13·4
1885	—	—	—	29	...	35	1	—	67	115	67	51	—	21·5
1886	2	—	19	14	—	33	1	—	79	141	68	50	—	25·1
1887	12	12	5	26	—	21	1	—	112	148	53	67	1	35·3
1888	47	—	61	17	—	25	1	—	117	136	93	54	—	36·2
1889	13	4	34	9	—	34	2	—	85	123	58	40	—	26·3
1890	2	63	2	67	—	39	5	—	176	130	93	67	—	54·1
1891	—	1	4	107	—	29	—	—	141	148	100	54	—	42·9
1892	—	9	28	300	—	31	4	—	372	101	121	75	—	11·9
1893	—	7	15	180	—	15	1	—	218	110	95	54	—	65·5
1894	—	3	9	96	—	11	1	—	120	106	121	89	—	35·8
1895	—	1	—	33	2	10	—	—	46	133	109	78	5	13·6

Békés.

1884	—	2	—	21	2	14	—	—	39	80	97	134	—	16·5
1885	1	1	—	79	14	4	2	19	120	68	135	76	3	50·2
1886	—	10	..	56	—	10	—	16	92	85	136	100	4	38·1
1887	19	37	—	29	—	15	5	14	119	72	92	138	4	51·0
1888	9	2	6	18	—	13	4	19	71	83	132	105	5	28·9
1889	—	4	27	16	—	7	3	10	67	72	134	117	2	27·0
1890	—	4	14	22	1	5	—	7	53	71	133	115	5	21·2
1891	—	36	5	27	2	7	2	5	84	107	206	236	1	33·7
1892	—	—	1	203	3	10	1	10	229	95	106	133	3	91·9
1893	—	—	—	216	—	3	—	9	230	92	53	98	—	92·0
1894	—	1	—	100	3	4	2	14	124	88	74	97	1	49·5
1895	—	2	4	30	2	4	1	7	50	97	139	75	3	19·9

Nyiregyháza.

1883	1	1	42	10	30	5	4	1	94	113	81	143	4	37·9
1884	14	—	19	10	27	4	1	2	77	97	91	122	1	30·6
1885	13	22	9	13	2	8	4	1	72	129	116	123	5	28·3
1886	92	—	38	12	1	14	4	9	170	100	114	74	3	66·1
1887	118	—	12	26	7	4	3	3	173	128	87	92	2	66·6
1888	4	1	6	34	—	3	3	13	64	117	109	58	3	24·3
1889	—	81	7	31	4	6	2	7	138	128	110	91	5	51·9
1890	—	7	39	30	7	5	1	3	92	145	100	96	3	34·2
1891	4	14	23	64	18	6	3	17	149	161	128	63	2	54·2
1892	—	4	22	250	—	23	3	10	312	122	171	92	1	113·2
1893	—	5	12	136	—	6	2	3	165	146	113	87	2	59·2
1894	—	2	5	60	12	13	2	12	106	110	171	111	2	37·5

Jahre	Variola	Morbilli	Scarlatina	Croup und Diphterie	Pertussis	Typhus und Typhoid	Febris puerperalis	Sonst.infect. Krankheiten	Summe aller inf.Todesurs.	Tuberculosis	Diarrhoea u. Enteritis	Pleuropneumonia,bronch.	Gewaltsame Todesurs.	Auf 10.000 Bew. Todesfälle an infect. Krankh.
\multicolumn{15}{c}{Debreczen.}
1878	—	4	2	229	27	47	8	—	317	338	153	119	34	63·5
1879	166	30	159	189	27	45	10	—	626	402	187	130	50	124·0
1880	75	—	10	79	6	59	8	—	237	307	227	91	43	46·5
1881	11	—	8	58	4	56	14	—	151	352	177	135	36	29·4
1882	—	8	10	26	14	44	1	—	103	334	164	135	39	19·8
1883	2	1	88	49	32	57	3	—	232	320	173	128	44	44·2
1884	5	—.	36	52	5	45	8	—	151	282	179	112	29	28·4
1885	3	17	10	24	—	16	9	—	79	237	306	127	20	14·7
1886	178	—	8	16	5	17	1	—	225	210	253	101	36	41·5
1887	32	7	54	62	31	7	7	—	200	169	195	114	27	36·6
1888	—	16	20	33	34	29	8	1	141	201	252	158	10	25·5
1889	—	—	43	27	6	26	6	1	109	186	246	136	8	19·5
1890	—	—	3	52	—	15	6	—	76	210	196	242	17	13·4
1891	2	9	3	45	24	32	2	4	121	246	301	102	30	21·3
1892	—	—	1	43	20	11	4	—	79	212	243	126	23	13·6
1893	1	8	2	63	16	15	5	—	111	234	286	200	43	18·9
1894	—	1	16	119	13	8	2	8	167	92	328	43	14	28·1
1895	3	21	100	33	14	3	1	148	323	191	300	183	32	53·6
\multicolumn{15}{c}{Nagyvárad (Grosswardein).}
1878	2	18	10	13	18	39	6	—	106	284	127	148	30	34·2
1879	4	10	7	47	15	26	3	—	112	244	132	162	25	35·9
1880	64	2	25	38	32	20	14	1	196	207	110	138	35	62·4
1881	53	14	14	15	33	30	7	—	166	217	90	188	34	52·4
1882	10	8	40	24	12	16	23	—	133	135	114	141	19	41·2
1883	18	2	38	21	2	11	8	—	100	155	100	187	15	30·3
1884	—	5	34	34	35	13	2	1	124	209	96	125	22	36·7
1885	4	9	11	38	33	24	9	7	135	209	130	174	21	39·2
1886	85	1	3	17	12	21	3	9	151	204	117	88	9	43·0
1887	48	38	7	15	18	23	3	9	161	162	138	124	1	45·6
1888	—	7	3	25	16	22	—	—	73	181	156	150	—	20·0
1889	—	5	113	27	9	17	5	6	182	158	130	141	—	48·8
1890	2	7	20	16	15	25	3	2	90	193	185	121	10	23·6
1891	2	22	9	47	10	17	4	3	114	205	185	119	18	29·3
1892	5	12	1	147	4	30	6	5	210	170	175	150	11	53·0
1893	—	1	1	111	2	21	2	—	138	156	159	108	5	34·2
1894	--	25	11	64	—	22	2	4	128	168	152	168	12	31·1
1895	—	3	52	29	7	16	2	2	111	132	174	131	34	26·5
\multicolumn{15}{c}{Arad.}
1878	30	19	1	81	87	39	11	13	281	239	131	115	30	80·1
1879	12	3	4	143	32	18	19	24	255	245	123	113	32	72·2
1880	4	3	1	45	18	38	2	14	125	237	226	178	21	35·1
1881	25	34	12	42	22	18	8	30	191	207	193	173	28	53·3
1882	39	5	164	28	32	17	3	22	310	230	158	153	23	85·3
1883	9	—	13	19	19	17	4	13	94	241	122	124	26	25·4
1884	—	—	1	21	35	20	2	7	86	207	130	124	34	22·8
1885	21	38	—	26	43	21	5	6	160	300	196	168	30	41·8
1886	13	2	10	23	40	5	3	12	113	247	203	97	23	29·0
1887	14	20	—	23	17	9	7	12	102	206	153	132	7	25·7
1888	—	2	13	21	14	18	9	15	92	271	199	135	21	22·8
1889	1	11	12	35	6	12	3	6	86	259	166	155	22	20·9
1890	—	2	29	17	13	12	1	8	82	273	165	200	30	19·6
1891	2	6	51	146	8	9	9	9	240	250	213	176	36	56·8
1892	—	6	20	256	9	11	3	11	317	268	185	176	26	71·0
1893	—	13	10	92	2	12	1	15	146	249	112	158	26	33·9
1894	—	3	4	79	—	10	4	21	121	242	108	102	28	27·9
1895	6	1	9	36	10	5	5	9	81	227	100	179	40	18·5

IV.   115

Jahre	Variola	Morbilli	Scarlatina	Croup und Diphtherie	Pertussis	Typhus und Typhoid	Febris puerperalis	Sonst. infect. Krankheiten	Summe aller inf. Todesurs.	Tuberculosis	Diarrhoea u Enteritis	Pneumopneumonia, bronch.	Gewaltsame Todesurs.	Auf 10.000 bew. Todesfälle an infect. Krankh.

Pécs (Fünfkirchen).

1880	10	5	4	25	8	18	7	—	77	170	48	67	18	27·0
1881	26	1	4	20	5	22	4	—	82	164	51	54	34	28·3
1882	—	1	16	19	8	19	5	—	68	158	52	57	21	23·1
1883	—	2	37	52	—	12	4	—	107	165	65	45	23	35·6
1884	—	—	23	31	2	11	—	—	67	158	82	50	14	21·9
1885	1	1	1	19	20	15	9	—	66	166	74	68	19	21·2
1886	—	9	—	11	3	13	—	—	36	199	80	41	15	11·3
1887	45	1	1	20	—	14	6	—	87	186	80	56	20	26·9
1888	19	—	4	13	4	16	4	—	60	193	102	55	28	18·3
1889	1	—	3	14	7	12	5	—	42	145	112	37	23	12·6
1890	—	—	3	6	—	63	3	—	75	175	78	52	23	22·1
1891	—	2	60	33	6	44	8	—	153	208	110	47	25	44·7
1892	—	5	24	176	5	4	4	3	221	146	94	120	17	63·8
1893	—	7	—	215	6	2	3	—	233	168	90	55	14	65·0
1894	—	1	1	92	6	5	1	6	112	190	118	55	25	31·5
1895	—	18	4	50	4	13	3	4	96	227	113	72	23	26·7

Nagy-Kőrös.

1883	10	—	19	20	4	11	2	—	66	30	37	54	20	28·4
1884	14	7	1	5	1	12	2	—	42	30	32	33	16	17·9
1885	—	—	4	40	10	7	3	—	64	37	37	40	7	26·9
1886	5	1	9	29	17	9	1	—	71	24	48	55	25	29·5
1887	32	—	16	14	9	6	4	—	81	60	71	31	19	33·3
1888	2	—	52	11	16	11	3	—	95	85	94	52	18	38·9
1889	—	—	13	5	18	3	2	—	41	82	62	31	20	17·0
1890	2	6	1	30	39	7	1	—	86	88	111	51	14	34·8
1891	—	—	—	100	8	4	3	—	115	83	96	26	21	46·7
1892	—	—	4	66	29	9	—	—	108	59	87	39	12	43·7
1893	—	—	12	42	—	6	1	—	61	61	63	41	27	24·5
1894	—	—	7	21	1	3	2	—	34	62	97	65	16	13·6
1895	—	7	—	21	2	7	—	—	37	67	125	42	16	14·7

Békés-Csaba.

1880	170	5	5	82	33	42	1	—	338	134	431	56	16	103·4
1881	52	2	419	69	27	22	2	3	596	124	198	39	19	182·3
1883	8	—	8	44	10	13	2	—	85	110	204	50	7	25·7
1884	—	1	—	31	16	24	5	—	77	123	195	76	28	23·2
1885	3	22	1	62	14	33	3	—	138	107	194	52	16	41·4
1886	—	1	6	84	12	25	6	—	134	120	173	53	14	40·0
1887	117	122	40	158	59	32	6	—	534	119	212	109	14	15·9
1888	42	—	31	90	8	29	13	—	213	160	203	87	17	63·0
1889	1	—	56	31	11	20	5	—	124	205	191	90	17	36·5
1890	—	1	5	75	16	4	1	9	111	171	173	195	10	32·5
1891	—	47	2	27	29	21	2	—	128	194	240	159	16	37·3
1892	—	—	—	164	5	18	1	11	199	177	200	132	17	57·5
1893	—	5	21	168	22	5	1	—	223	167	191	149	21	64·3
1894	—	18	14	106	18	7	2	—	165	156	150	88	20	47·5
1895	—	1	2	8	2	1	—	—	14	171	259	75	17	4·0

IV.

Jahre	Variola	Morbilli	Scarlatina	Croup und Diphterie	Pertussis	Typhus und Typhoid	Febris puerperalis	Sonst. infect. Krankheiten	Summe aller inf. Todesurs.	Tuberculosis	Diarrhoea u. Enteritis	Pleuropneumonia, bronch.	Gewaltsame Todesurs.	Auf 10.000 Bew. Todesfälle an infect. Krankh.
						Szatmár-Németi.								
1886	2	4	4	11	4	8	2	9	44	87	35	34	6	21.8
1887	54	5	39	23	1	10	1	3	136	106	40	41	7	66.9
1888	18	—	9	11	10	13	—	3	64	101	47	36	7	31.9
1889	—	43	9	3	17	7	—	16	95	97	47	21	10	46.4
1890	2	—	2	23	4	15	3	5	54	93	44	33	7	26.3
1891	24	—	1	61	3	10	3	4	106	125	51	25	10	50.1
1892	—	10	2	62	7	6	—	4	91	72	36	51	9	43.4
1893	—	—	—	26	—	13	2	7	56	87	50	43	14	26.5
1894	—	—	6	25	—	9	2	2	44	79	64	55	14	20.7
						Versecz.								
1880	53	—	—	54	17	49	2	—	175	137	82	58	12	78.7
1881	6	2	—	52	—	15	5	—	80	95	37	24	9	35.9
1882	—	8	116	69	12	25	5	—	235	104	34	24	26	105.3
1883	—	—	5	26	2	34	7	—	74	126	20	22	11	33.2
1884	—	—	2	21	46	19	4	21	113	99	23	23	8	50.4
1885	—	—	7	27	6	11	4	10	65	103	38	41	10	28.8
1886	2	15	—	17	5	13	3	—	55	134	89	91	22	24.4
1887	83	4	3	16	30	6	6	—	148	104	50	57	14	66.1
1888	2	—	9	14	3	7	6	6	47	112	67	53	18	21.0
1889	—	—	82	21	2	3	8	—	116	113	62	57	10	52.3
1890	3	27	3	—	8	17	6	2	66	96	85	96	14	30.1
1891	1	1	6	18	11	37	5	—	79	124	78	64	8	36.3
1892	34	—	2	67	1	18	—	15	137	99	49	102	12	63.4
1893	—	—	—	104	4	5	3	1	117	99	51	51	11	54.6
1894	1	5	3	112	—	4	6	10	142	97	40	70	8	66.3
1895	2	—	20	35	6	13	3	1	80	96	70	68	14	36.9

Nachtrag für die Cholerafälle.

a) Cholera asiatica.

Budapest, 1886 : 565, 1892 : 501, 1893 : 134; Sopron (Oedenburg), 1893 : 2; Györ (Raab), 1886 : 59; Pozsony (Pressburg), 1892 : 2; Temesvár, 1893 : 3; Brassó (Kronstadt), 1893 : 14; Jászberény, 1893 : 2; Kecskemét, 1886 : 1; Baja, 1886 : 4, 1892 : 6, 1893 ; 4 ; Békés-Csaba, 1893 : 1; Zombor, 1892 : 1; Szeged, 1886 : 213, 1892 : 27, 1893 : 38 ; Békés, 1892 : 1, 1893 : 2 ; Nyíregyháza, 1893 : 1 ; Szatmár-Németi, 1893 : 8; Debreczen, 1893 : 1; Arad, 1886 : 5, 1892 : 1, 1893 : 1.

b) Cholera nostras.

Sopron (Oedenburg), 1883 : 2 ; Györ (Raab), 1885 : 1, 1886 : 1; Székesfejérvár (Stuhlweissenburg), 1880 : 2 ; Pécs (Fünfkirchen), 1880 : 1 ; Kassa (Kaschau), 1880 : 3. 1881 : 5, 1882 : 1, 1894 : 1; Temesvár, 1882 : 1; Kolozsvár (Klausenburg), 1894 : 4 ; Brassó (Kronstadt), 1882 : 4, 1894 : 4, 1895 : 4; Miskolcz, 1880 : 2, 1882 : 1; Jászberény, 1883 : 1; Czegléd, 1883 : 5; Kecskemét, 1879 : 1, 1883 : 1, 1892 : 1; Félegyháza, 1894 : 1; Szeged, 1884 : 1 ; Nagyvárad (Grosswardein), 1878 : 1, 1882 : 1; Arad, 1878 : 1, 1880 : 1, 1881 : 6, 1886 : 1.